도전과 해법

도서출판 꿈미는 가정과 교회가 연합하여 다음 세대를 일으키는 대안적 크리스천 교육기관인 사단법인 꿈이 있는 미래의 사역을 돕는 월간지와 교재, 단행본을 출간합니다.

도전과 해법

초판 인쇄 2019년 11월 27일
초판 발행 2019년 11월 29일

발행인	김은호
글쓴이	김영한 김동하 조믿음 이상준 주경훈 나도움 박훈 박찬열
발행처	도서출판 꿈미
등 록	제2014-000035호(2014년 7월 18일)
주 소	서울시 강동구 양재대로85길 16, 지층(성내동)
전 화	02-6413-4896, fax 02-470-1397
홈페이지	http://www.coommi.org
쇼핑몰	http://www.coommimall.com

ISBN 979-11-89047-79-5 03230

*책값은 뒤표지에 있습니다.
*이 교재는 도서출판 꿈미에서 만든 것으로 저작권법의 보호를 받으며 무단전제 및 복제를 금합니다.

요즘 애들을 위한 다음 세대 사역

도전과 해법

김영한 김동하 조민음 이상준 주경훈 나도움 박훈 박찬열

추천사

한국 교회의 다음 세대가 위기라는 말은 이미 오래 전에 나왔습니다. 실제로 많은 교회의 다음 세대 사역이 침체를 거듭하고 있고, 목회자들과 교사, 리더 및 성도가 무력함을 느끼고 있는 경우가 적지 않습니다. 하지만 또 어느 곳에서는 회복의 은혜가 일어나고, 뜨거운 성령의 임재 속에 부흥을 경험하며, 다음 세대 사역의 희망을 보여 주기도 합니다.

이 책은 다음 세대를 향한 복음 전파의 현장 속에서 목회의 본질과 사명의 본질이 무엇인지 다시 한 번 일깨워 줍니다. 영혼을 살리는 복음 전파에 생애를 던진 다양한 목회자들의 이야기 속에 하나님의 섭리하심과 인도하심을 보게 합니다. 각각의 이야기에는 하나님과 영혼을 사랑하는 진심이 담겨 있고, 또한 현장에서 애쓰며 여러 시도를 하고 견고한 열매를 얻은 실제적인 해법들이 제시되어 있습니다.

하나님의 위대하심을 경험하기 위해서는 탁월한 이론으로 설

명할 것이 아니라 말씀과 기도를 붙잡고 현장으로 나가야 합니다. 바라기는 다음 세대 사역의 현장에서 분투하는 모든 이들에게 이 책이 격려와 희망이 되길 바랍니다.

- 김은호 (오륜교회 담임목사)

『도전과 해법』은 실제적입니다. 실천적입니다. 본질을 붙잡으면서도 실용적입니다. 특히 이 책에는 이런 마음이 담겨 있습니다. "하나님, 제 사역 가운데 난제가 있습니다. 잘하는 것 같지만 연약한 부분이 있습니다. 연약한 것은 사실이지만 하나님께서 은혜를 주셔서 지금까지 해왔습니다. 앞으로 이 사역이 난제로 끝나지 않고 주님께서 원하시는 열매를 맺게 허락하여 주옵소서! 저도 행복한 목회, 구성원도 행복한 신앙의 삶을 살도록 아버지, 잠자는 저를 깨워 주옵소서! 하나님, 이 난제들을 극복할 수 있도록 도와주시고 저와 함께하여 주옵소서!" 『도전과 해법』, 이 책에는 어려운 문제 앞에 좌절하고 낙심하고 있는 것이 아니라 부족함과 연약함을 넘어 해법을 찾아가는 씨름이 담겨져 있습니다. 현장에서 고민하고 고뇌하면서 고통 가운데 찾아낸 것들을 나눔을 통해서 도우려는 마음이 전해져 옵니다. 이 책은 추상적이지 않습니다. 현실적입니다. 피상적이지 않습니다. 구체적입니다. 직접 현장에서 발견한 해법들이기에 원석을 잘 다듬은 보석과 같습니다. 우리 시대 도전은 끝없이 이어집니다. 문제들이 계속 밀려 올 때 해야 하는 일은 파도타기를 하는 것입니다. 『도전과 해법』은 파도타기를 하는 데 큰 유익을 줄 것입니다. 이 책을 통해 격려와 용기를 얻고 문제가 많은 우리 시대에 더 많은 사역자들이 문제의 파도를 타고 하나님과 함께 미래로 나아가는 모험을 즐겼으면 합니다.

- 이상갑 (산본교회 담임목사, 청년사역연구소 대표)

　친한 후배와 '사역의 열매가 있는 이들의 공통점이 있다면 어떤 것일까'를 이야기한 적이 있다. 긴 대화의 결론은 단순했다. 그 사역에 그들의 삶을 갈아 넣은 사람들이라는 것이다. 그들은 뿌린 대로 거둔 이들이었다. 물론 여러 상황 때문에 '많이 뿌렸어도 열매를 누리지 못한 이들'이 있을 수 있다. 하지만 지금 확연하게 그 열매를 보여 주는 이들은, 이미 그 열매를 위해 '그들의 생명'을 거름으로 내어 준 이들이었다. 이 책은 다음 세대를 하나님께서 원하시는 세대로 세우기 위해 자신의 생을 갈아 넣었던 이들, 그리고 지금도 갈아 넣고 있는 이들이 쓴 다음 세대 사역에 당신의 삶을 갈아 넣기를 요구하는 도전장이다.

　당신은 이 책에서 수많은 다음 세대 사역에 관한 구체적인 제안을 만나게 될 것이다. 그러나 당신이 이 책이 들려주는 구체적인 제안을 얻고, 그것을 당신의 공동체에 적용하는 것으로 만족한다면, 단언컨대 이 책에 기록되어 있는 열매를 얻지 못할 것이다.

우리에게 구체적인 제안보다 더 시급한 것이 다음 세대를 향해 자신의 삶을 갈아 넣게 만드는 '열정의 회복'이기 때문이다. 부디 이 책을 읽는 당신의 머리는 이들의 분석과 제안 앞에 차가워지기를, 동시에 심장은 이들의 열정으로 인해 뜨거워지기를 기도한다.

- 조영민 (나눔교회 담임목사)

목회자로 열심히 공부하고 준비했지만 막상 신학교를 졸업하고 목회 현장에 들어서면 막막한 일들이 한두 가지가 아닙니다. 아무리 책을 찾아봐도 알 수 없는, 오직 현장에서만 알 수 있는 지식들이 있습니다. 이 책 안에는 리더를 어떻게 세워야 하는지, 한계가 있는 여건 속에서 어떻게 사역을 해야 하는지, 가정에서 아파하는 성도를 어떻게 돕고 세워 주어야 하는지, 또 다음 세대들과 어떻게 소통해야 하는지 등의 이야기들이 현장에서 뒹굴었던 분들의 땀 냄새나는 지혜로 가득 차 있습니다. 팀 켈러는 뉴욕에

서 목회할 때 연기자 직업을 가진 성도가 "남녀가 사랑하는 영화를 찍을 때, 정말 사랑하는 감정으로 사랑해야 합니까? 아니면 그냥 연기를 해야 합니까?"라고 질문했을 때 답을 할 수 없었다고 합니다. 신학교에서 배우지 못했던 다양한 일들이 현장에서 벌어지고 있음을 깨닫고 그때부터 현장을 이해하려고 노력했다는 이야기를 들었습니다. 여러분이라면 어떻게 답하시겠습니까? 우리는 공부할 때 늘 정답을 찾는 연습을 합니다. 그러나 목회 현장에서는 명확한 답이 없는 경우가 많습니다. 그때 필요한 것은 하늘의 지혜입니다. 하나님을 사랑하여 늘 하나님 곁에 있으면서, 또 사람을 사랑하여 늘 성도들이 처한 삶의 현장에 함께 있어 본 사람들만이 배우는 지혜가 있습니다. 책상에서는 알 수 없는, 사람을 사랑하여 현장을 뒹굴어 본 사람들 속에서만 나오는 땀과 눈물과 지혜가 배어 있는 책입니다. 지금도 고군분투하고 있는 현장에 있는 모든 젊은 사역자들에게 추천합니다.

― 고상섭 (그사랑교회 담임목사, 제자훈련연구소 연구원)

CONTENTS

추천사 4

서 문 다음 세대 사역, 아무 계획 없이 하는 시대는 지났다! 12

PART 1
다음 세대 사역의 원리와 해법

1 다음 세대 사역의 7가지 난제와 해법 _ 김영한 17

2 평신도 리더를 세우는 원리와 실제 _ 김동하 47

3 미디어 시대에 꼭 필요한 이단 사이비 대책 _ 조믿음 69

4 폭력으로 상처받은 아이들 품기 _ 이상준 91

★ 도전과 해법

PART 2
다음 세대의 이해

5 아이들의 문화와 언어를 이해하자 _ 주경훈 119

6 언제 어디든 부르면 달려가라 _ 나도움 151

PART 3
다음 세대 사역의 실제

7 좌충우돌 첫 사역의 실패와 새로운 도전 _ 박훈 191

8 주차장, 화장실 없어도 '되는 교회' _ 박찬열 217

서문

다음 세대 사역,
아무 계획 없이 하는 시대는 지났다!

과거에는 다음 세대 사역을 하면 열매가 금세 나타났다. 한국 교회가 급성장할 때는 개척을 하면 부흥했다. 선교지의 상황도 크게 다르지 않았다. 하지만 지금은 아니다. 마른 풀에 불을 붙이면 활활 타올랐던 예전과 달리 작금의 상황은 젖은 나무에 불을 붙이는 것 같다.

다음 세대 사역을 아무 계획 없이 하는 시대는 지났다. 왜, 무엇을, 어떻게 해야 할지 청사진 없이 뛰어들면 길을 잃고 만다. 다음 세대 사역은 교회가 좋은 방향성만 내세운다고 되지 않는다. 새 술은 새 부대에 담아야 한다는 말씀처럼 21세기 다음 세대 목회에도 패러다임의 변화가 필요하다. 같은 방법을 되풀이하면서 다른 결과를 기대하는 어리석음을 범하면 안 된다.

다음 세대 사역을 정비하고 뛰어들어 어떻게 30배, 60배, 100배의 열매를 거둘 수 있을까?

첫째, 사역을 진행하다 보면 막히기도 한다. 그럴 때 사역을 진단하고, 무엇을 바꾸고, 어디서부터 다시 시작해야 할지 여기서 도움을 얻을 수 있다. 다음 세대 사역의 7가지 난제와 해법이다.

둘째, 교역자가 부족하고, 같이 섬길 교사 혹은 리더가 부족해도 불평만 해서는 안 된다. 어떻게 섬김이를 세우고 동역할지 평신도 리더를 세우는 원리와 실제를 알아야 한다.

셋째, 노량진 학원가로 나가 보라. 둘씩 짝지은 이단 추수꾼들이 배고픈 사자처럼 우리의 양들에게 다가가고 있다. 다음 세대를 노리는 이단과 사이비를 어떻게 대처할지 고민해야 한다.

넷째, 가정 내에서의 폭력으로 상처받은 다음 세대를 어떻게 품고 보살펴야 할지 감을 잡아야 한다.

다섯째, 기성세대의 언어와 문화를 기준으로 다음 세대를 평가하고 억누르면 안 된다. 다음 세대의 언어와 문화, 삶의 방식을 배워야 한다.

여섯째, 다음 세대 사역은 교회 안에서 기다리는 것이 아니다. 탕자의 아버지가 동구 밖에서 집 나간 자녀를 간절히 기다리듯, 밖으로 나가야 한다.

일곱째, 사역에 한번 실패했다고 패배감에 빠지지 말고 새롭게 도전하는 청사진을 그려 낼 수 있어야 한다.

여덟째, 부흥하는 교회의 특징을 알아야 한다. 화장실과 주차장이 없는 교회도 살아남을 수 있는 부흥의 비결이 무엇인지 깨달아야 한다.

다음 세대 사역에서 열매를 보려면, 사역의 결과만이 아닌 바른 동기와 건강하게 세워 가는 과정이 머릿속에 그려져 있어야 한다. 책상에서 얻어 낸 이론이나 원리, 대안이 아니라 현장에서 땀, 눈물, 피를 흘리며 치열하게 사역해 얻은 노하우와 경험으로 우리의 시선을 돌려야 한다.

예배, 교육, 훈련은 기본이다. 다음 세대 문화 코드부터 이들이 사용하는 언어를 살펴 어떻게 소통할지 고민하고 방법을 터득해야 한다. 가정 폭력 등으로 상처받고 방황하는 다음 세대, 길거리에서 이단과 사이비의 표적이 된 우리의 다음 세대를 위해 어떻게 희생하며 섬겨야 할지 고민해야 한다.

이 책은 다음 세대를 위해 헌신하는 현장 교역자들이 공동 집필하였다.

다음 세대 부서를 담당하는 교역자, 다음 세대 사역에 비전을 가지고 이 사역을 교회의 핵심 사역으로 세워 나갈 담임목회자, 다음 세대를 위해 헌신하려는 교사, 리더, 섬김이들이 읽고 방향을 잡아 가기를 소망한다.

2019년 11월

김영한 김동하 조믿음 이상준 주경훈 나도움 박 훈 박찬열

PART 1

다음 세대 사역의 원리와 해법

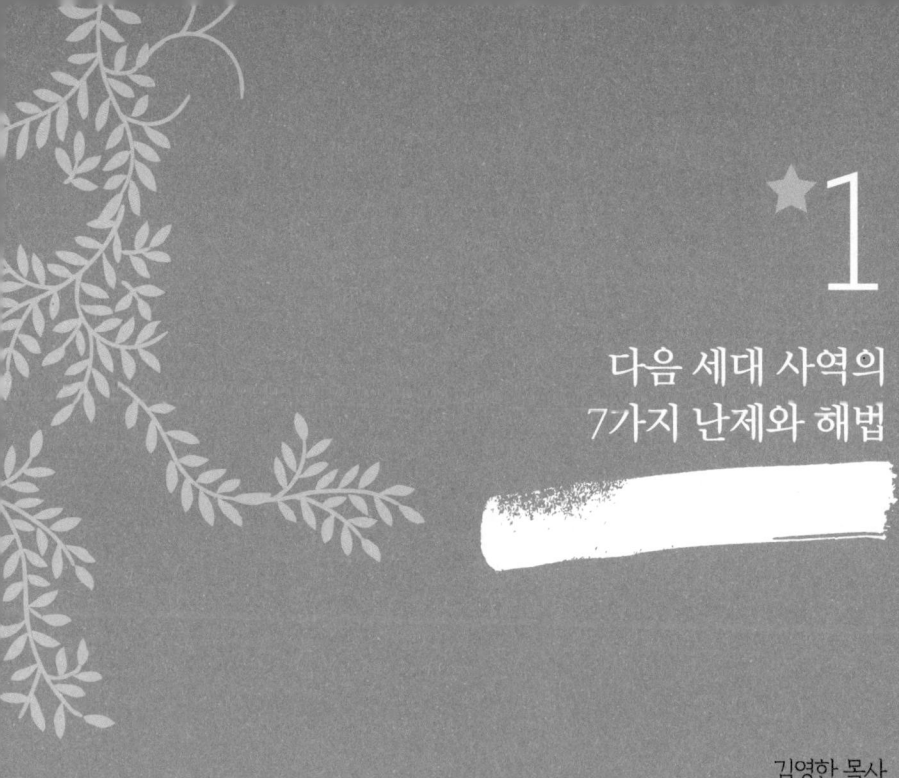

1

다음 세대 사역의 7가지 난제와 해법

김영한 목사

Next 세대 Ministry 공동대표
주님의교회 청년부 디렉터
저서 『청년아! 깨어나라!!!』 외 다수

"성숙한 리더는
성숙한 공동체를 만든다."

1

리더가 아닌 리더가 공동체를 망친다

한 선교 단체가 주관한 전국의 간사님들과 나눈 대화에서 어느 분이 이런 질문을 했다.

"캠퍼스에 리더를 세우려고 하는데, 제가 보기에 어떤 사람은 아직 부족한 부분이 있습니다. 그런 사람도 리더로 세워도 괜찮겠습니까?"

나는 이런 질문을 받으면 대개 "노"라고 대답한다. 캠퍼스 리더는 보통 30~50명을 혼자서 끌고 가야 한다. 아직 리더의 자격이 없는 사람이 이들을 끌고 가게 되면 그 공동체는 무너지기 쉽다. 실제로 자격과 역량이 안 되는 사람이 직분을 맡아서 많은 공동체가 무너지고 있다. 리더가 아닌 사람은 리더로 세울 게 아니라 교육을 해야 한다.

리더가 없어서 망하는 것이 아니라 리더가 아닌 사람이 그 자리에 있기 때문에 망한다. 교회가 부흥이 안 되는 이유도 마찬가지다. 리더로서 자질이 안 되는 사람이 이것저것 섬긴다고 하면 나는 이렇게 말해 준다.

"그렇게 여기저기 섬기니까 그 부서가 부흥이 안 되는 거야. 여러 가지가 아니라 한 가지라도 제대로 섬겨야 해!"

물론 여러 가지를 다 잘하는 사람도 있다. 그런 사람은 더 많은 일을 해도 좋다. 진짜 리더가 아닌 사람이 리더의 자리에 있을 때 구성원들이 죽는다. 아무리 목회자의 설교가 좋고, 공동체가 교육과 훈련을 잘해도 리더의 자리에 있으면 안 되는 사람이 한 사람이라도 있으면 그 공동체는 힘들어진다. 이 한 사람 때문에 교회를 떠나는 사람들이 적지 않다.

리더, 어떻게 세워야 할까

대구동신교회 청년부 디렉터로 사역할 때를 예로 들어 보겠다. 일단 담임목사와 교역자들을 배치한다. 목사 5명, 풀타임 전도사 3명, 간사 5명 정도가 한 팀이었다. 연말에 따로 테이블을 만들어 이들과 함께 다음 해 섬길 톱 리더 10명을 뽑는다. 사역자 중 한 사람이라도 반대하면 톱 리더로 세우지 않는다.

이런 결정을 하게 된 배경이 있다. 다른 교역자가 반대했음에도 그가 변화되었다고 보고 다른 교역자들을 설득해서 리더로 세운 사람이 있다. 그러나 얼마 지나지 않아 내 판단이 틀렸음이 판명 났고, 내가 세운 리더로 인해 그가 속한 팀이 힘들어졌다. 디렉터인 내 앞에서 하는 행동과 공동체 안에서 하는 행동이 달랐던 것이다. 이 경험 후로 톱 리더를 세울 때는 반드시 모든 교역자가 찬성하는 사람을 세우게 되었다.

톱 리더뿐 아니라 부리더를 세울 때도 한 사람 한 사람 꼼꼼히 들여다보며 모두가 찬성하는 사람을 세웠다. 이들이 나중에 잘 훈련돼 톱 리더가 될 사람들이기 때문이다.

리더로서 자질이란 무엇일까?

리더는 탁월한 사람이 아니다. 보석이 될 원석을 발견하는 것이 중요하다. 성경적 지식이 많으면 리더일까? 아니다. 당연히 성경적 지식도 갖춰야 하지만 지혜로운지, 공동체에 덕을 세울 수 있는지, 무엇보다 공동체를 위해 기도하고 헌신할 수 있는지가 중요하다. 말이 유창하지 않아도 괜찮다. 분위기를 잘 띄우는 쾌활한 성격인지는 고려 사항이 아니다.

리더 혹은 부리더로 염두에 둔 지체들은 교육과 훈련을 받는 자리로 초대한다. 교육과 훈련을 통해 변화되어 성숙한 모습을 보이면 그때 섬김의 자리로 초대한다.

초신자 중에도 원석이 있다. 하지만 초신자는 리더로 세우지 않는다. 더 양육을 받아 은혜의 자리로 나아가게 하는 것이 우선이다.

충분히 성장하기 전에 일을 먼저 하면 일로 인해 지칠 수 있기 때문이다.

수많은 젊은 리더가 교회를 떠나고 있다. 탈진해서다. 성가대, 주일학교 교사, 어른 예배와 청년부 예배 참석, 거기다 교회 청소까지 해야 한다. 주중에도 학교 혹은 직장을 다니느라 무거운 짐을 지고 있는데 교회에 와서도 전혀 가벼워지지 않으니 탈진해 버리는 것이다. 교회가 섬겨 주고 보살펴 주기보다 이런저런 모양으로 섬기기를 기대하니 처음엔 순종하다가 결국 탈진해서 교회를 떠나 버린다. 그러고는 영적인 갈증과 허기는 여전하므로 이 교회 저 교회를 기웃거린다. 특히 초신자는 더 쉬게 하고, 더 배우게 하고, 더 보호해 주어야 한다.

2018년 8월 대구에서 섬기던 교회를 사임하고 제주도와 외국을 돌다가 10월 초순에 돌아왔다. 좀 더 쉼을 갖고 싶었으나 마침 10월 초순에 결혼식이 있어서 서둘러 돌아왔다. 신부가 청년부 예배 때 내 설교를 듣고 예수님을 믿고 변화되어 인생이 바뀌고 선교적인 삶을 살겠다고 헌신한 사람이었다. 이미 교회를 사임했지만, 교회에 양해를 구해 그 친구만 주례하도록 허락을 받았다. 신랑도 다른 교회 청년부 회장으로 신앙이 신실했다.

신부는 리더로서 자질이 충분했다. 주변에서 여러 사람이 추천하기도 했지만 나는 그를 리더로 세우지 않았다. 좀 더 배우고, 좀 더 양육되고, 좀 더 보살핌을 받는 은혜의 시간을 누리게 하고 싶었기 때문이다.

사역을 하다 보면 같이 섬기던 이들 중 쉬고 싶다는 사람이 있다. 쉬는 것보다 섬기는 것이 낫겠다 싶은 사람에겐 더 섬길 것을 권하지만 대개는 그의 뜻에 따른다. 쉼이 필요한 사람에겐 쉼을 주어야 한다. 하지만 많은 교회가 쉬겠다는 사람이 있으면 "너 쉬면 안 돼! 네가 더 섬겨 주어야 해! 지금 네가 없으면 난리가 나!"라며 만류하기 바쁘다. 아니다. 쉬어야 할 사람이 쉬지 않으면 교회에 난리가 난다.

성도 수가 적은 교회일수록 아무나 리더로 세우려는 경향이 있는데, 명심해야 할 것은, 리더를 잘못 세우면 공동체 전체가 붕괴된다는 사실이다.

교역자가 톱 리더를 세우게 되면, 톱 리더는 동역자 7~8명을 선출한다. 이때 교역자가 이들을 세워도 좋은지 여부를 판단하고 검증해 주는 절차가 필요하다. 이런 과정을 통해 선출된 사람들이 한 그룹을 섬기게 된다.

톱 리더에게 동역자를 따로 세워 붙여 주는 것은, 이들 간에 성향이 맞지 않거나 마음이 맞지 않으면, 공동체를 세우는 데 힘을 쏟기보다 서로를 이해하거나 공격하는 데 에너지를 쏟을 수 있기 때문이다. 동역하는 사람들끼리 마음이 맞지 않으면 큰 고통을 감수하게 된다. 이렇게 세워진 톱 리더와 동역자들이 홍콩이나 싱가포르 등으로 비전트립을 가서 삶을 나누는 시간을 가지면 더 좋다.

나는 2018년 평신도 간사들과 함께 홍콩과 마카오에 갔다. 온종일 선교 유적지를 돌고 시내 투어도 했을 뿐 아니라 큐티도 하고, 기도 제목도 나누며 시간을 보냈다. 일을 잘하는 것도 중요하지만, 즐겁고 행복한 교제를 나눔으로써 힘을 얻고 회복되는 시간을 갖는 것도 중요하다. 이런 시간이 있어야 일도 더 잘하게 된다.

교역자나 간사라면 리더들을, 톱 리더라면 같이 세운 리더들을 잘 돌보기만 해도 공동체는 살아나고 부흥한다.

대구동신교회의 주일학교 교역자들은 토요일이면 부모님과 학생들에게 일일이 전화를 했다. 당시 초등학교는 1학년부터 6학년까지 학년마다 교역자들이 따로 있었고, 중등부와 고등부에도 교역자들이 있었는데, 이들은 토요일이면 대략 70통 이상을 전화로 심방했다. 나는 영어예배 담당이었는데, 학생들한테는 전화하지 않고 교사들에게만 전화했다. 전화해서도 영어예배 학생들을 잘 챙겨 달라고 부탁하지 않았다. 다만 기도 제목과 삶을 나누었다. 그렇게 매주 내 전화를 받던 선생님들이 자발적으로 학생들을 챙기기 시작했고 영어예배부가 부흥을 했다. 내가 부임할 당시만 해도 1개 부서였던 영어예배부가 3년 뒤 유치부, 유년부, 소년부, 청소년부, 성인부까지 5개 부서로 늘어났고 교역자도 5명으로 늘어났다. 외국인 교역자 3명과 한글과 영어를 할 수 있는 교역자 2명이 같이 섬기게 된 것이다. 예산도 처음에 1년에 60만 원에 불과하던 것이 5년 후 1억 원으로 크게 늘어났다.

교사만 리더로 제대로 세우면 교사가 알아서 부흥을 시킨다. 예산이 없던 시절에 교사들은 자기 주머니를 털어 학생들을 챙겼다. 리더 한 명만 잘 살피고 돌보면 그 리더 한 명이 10명, 50명, 100명까지 책임질 수 있다.

교역자가 리더들만 잘 챙겨도 교회 부흥은 일어난다. 리더가 살아나면 그 사랑방이 살아난다. 그러므로 절대 리더가 아닌 사람을 리더로 세워선 안 된다. 한 사람이라도 제대로 된 리더를 세워야 한다. 성숙한 리더는 성숙한 공동체를 만든다.

어떻게 교육하고 훈련할까

최근에 많이 받는 질문이다. 교육과 훈련은 처음부터 시스템을 다 갖추고 시작할 수는 없다. 나도 처음부터 지금과 같은 35가지를 다 했던 건 아니다. 처음엔 기본적인 양육과 제자훈련부터 시작했다. 여기에 성경 베스트를 추가하고, 단기선교 정도를 오픈했다. 나중에는 비전트립도 가고, 다양한 교육과 훈련을 추가했다. 할 수 있는 4~5가지만 먼저 시작했다.

그렇게 이것저것 하다 보니 노하우가 생기고 근육도 붙어서 나중에는 35가지를 동시에 진행해도 감당할 수 있게 되었다. 외부에서 보면 "미친 거 아냐. 어떻게 35가지를 동시에 해?" 할 수도 있다. 하지만 하면서 죽지 않았다. 재미있었다. 더구나 더 개설하고 싶은 교육과 훈련들이 생겼다. 이것이 가능했던 이유는 혼자가 아닌 팀으로 운영했기 때문이다. 전문 강사들과 협력한 것도 주효했다.

청년부 교역자들, 교회 내 다른 목회자들에게도 강의를 부탁했다. 교회 밖 전문 강사도 초청해 더욱 풍성한 강의가 되도록 했다.

많은 사람이 많은 것을 한 번에 오픈하려고 하지만 다 하자면 염려도 되고 불가능해 보이기도 한다. 각자가 할 수 있는 2~3가지, 혹은 4~5가지를 선정하고 진행하면 된다.

처음에는 결혼학교만 했다. 하다 보니 데이트도 결혼도 준비가 필요한 지체들이 보였다. 그래서 결혼예비학교도 열었다. 이번엔 결혼하자마자 출산과 육아를 책임져야 하는 커플들이 보였다. 준비된 부모가 되는 게 필요해 보여서 예비부모학교를 만들었다. 청년 사역을 하면서 신혼부부들의 상담을 많이 하게 되었는데, 신혼 초 부부간의 갈등이 많다는 걸 알고 신혼부부학교도 개설했다. 결혼학교가 결혼예비학교, 예비부모학교, 신혼부부학교로 계속 확장해 간 것이다.

시작할 때는 먼저 한두 가지부터 시작해서 자리를 잘 잡는 게 중요하다. 그런 다음 필요한 훈련을 늘려 가면 된다. 이때 교육과 훈련을 책임질 교역자 혹은 평신도를 양성하는 게 필요하다. 그래야 이들에게 위임하고 다음 단계로 나아갈 수 있다.

"와, 이걸 어떻게 갖추었습니까?"

교회를 탐방 온 사람들이 모든 훈련과 교육이 체계적으로 진행되는 것을 보고 감탄하면서 이렇게 말한다. 사실 나도 이렇게까지 갖추게 될 줄 몰랐다.

우리가 운영하는 35가지 프로그램 중에 '책 토론 나눔'이라는 것이 있다. 책을 읽고 나누는 그룹으로 한 시즌에 보통 4개 반이 열린다.

양육 기초도 한 시즌에 보통 10~12개 반을 운영했다. 고급반도 6~8개, 제자반 5~7개, 사역반 7~8개 반을 운영했다. 사역반은 단순히 배우기만 하는 반이 아니라, 100명의 평신도 양육 간사를 양육하는 것으로, 일대일로 초신자반 12주를 마친 사람들이 대상이 되었다.

평신도 양육 간사반은 처음에 팀당 12명만 뽑아서 3팀을 운영했다. 성숙한 톱 리더들과 함께 모임을 갖는 것 자체가 행복했다. 이 행복한 시간을 나만 누리는 것 같아 다른 사역자들에게 미안할 정도였다. 나중에는 내가 운영하던 반을 다른 사역자들에게 양도했을 뿐 아니라 또 다른 평신도 양육 간사반을 만들어 운영하게 했다.

대구동신교회 사역을 마무리하면서 아쉬운 점 몇 가지를 발견했다. 그중 하나가 평신도 양육 간사반에 대한 것이다. 평신도 양육 간사반을 월요일부터 일요일까지 매일 한 반씩 운영했다면 어땠을까 싶다. 적어도 사역반만큼은 디렉터인 내가 담당해야 했다는 후회가 든다. 목회적 욕심일 수 있지만, 가장 핵심적인 리더들인 만큼 매주 한 번씩 만나 살피고 나누고 교제할 뿐 아니라 같은 방향성을 갖게 했다면 좋았을걸 하는 아쉬움이 남는다.

지금 주님의교회에서만큼은 적어도 톱 리더 반은 평일은 물론 주말 저녁을 활용해서라도 직접 양육하고 챙기려 한다.

이 책의 독자 중에는 담임목회자도 있을 것이고, 부서 사역자도 있을 것이며, 평신도 리더도 있을 것이다. 특별히 당부하고 싶은 것은, 리더 교육, 특별히 톱 리더 교육은 위임하지 말기를 권한다. 리더 간에 목회 철학과 방향이 같지 않으면 조직의 규모와는 상관없이 언젠가 구심점을 잃고 만다. 가령, 여기서는 선교하자고 하는데 저기서는 국내 전도가 중요하다고 하고, 여기서는 금식하자고 하는데 저기서는 공동체 교제를 위해 축제를 열자고 한다. 이렇게 공동체 안에서 서로 다른 방향성을 지향하면 굉장히 어려워진다.

설교도 그렇다. 오전에는 성경 묵상에 집중하자는 메시지의 설교를 했는데, 오후에는 선교를 나가야 한다고 다른 설교자가 설교하면 듣는 사람이 방향을 잡기 어렵다. 메시지의 무서운 요소 중의 하나가 메시지가 다른 메시지를 쳐낸다는 점이다. 아무리 좋은 메시지도 서로 상충하면 청중은 혼란스럽다. 공동체는 갈 길을 잃게 된다.

서울의 한 교회에서 4명의 담임을 세웠다고 한다. 좋은 시도다. 그러나 거기에는 무서운 요소도 있음을 알아야 한다. 설교자는 금식을 선포하는데, 교회학교는 구제를 외칠 수 있고, 행정담당은 자신이 생각하는 방향으로 재정을 집행하려 하고, 대외 협력은 국내 개척교회에 마음을 두고 나아가는 식이면 교회는 대혼란을 겪게 된다.

중요한 것은 일관된 철학을 공유하는 것이다. 그 철학이 한 방향을 가지고 실제적 목회와 목양에 반영되도록 설교하고, 교육하고 훈련해야 하는 것이다.

부흥할 수 있을까

열심히만 하면 부흥할 수 있을까? 아니다. 열심히만 해서는 부흥이 일어나지 않는다. 목회자들 혹은 리더 중에 상당히 성실한 분들이 있다. 그러나 '열심=부흥'이라는 방정식은 없다. 어떻게 해야 교회 혹은 섬기는 부서가 부흥할 수 있을까? 이 질문에 대한 답은 반대로 물을 때 실제적인 대안을 찾을 수 있다. 바로 '왜 부흥하지 못할까?'이다.

여기서 부흥은 숫자적인 양적 부흥뿐 아니라 내면적인 질적 부흥도 포함한다. 이 둘은 서로 연관되어 있다. 양적 부흥이 없다는 것은 질적인 부흥이 결여되어 있다는 걸 방증한다. 질적 부흥이 없으면 양적 부흥도 잘 일어나지 않는다.

혹자는 양적 부흥이 뭐가 중요하냐고 반문한다. 그들은 예수님은 열두 명만 제자로 삼았다고 말한다. 하지만 그들은 성경을 잘 모르는 사람이다. 예수님은 열두 명만 목회하시지 않았다. 예수님은 들에서 먹을 것이 없을 때 남자만 5천 명을 먹이셨고, 말씀이든 치유든 어떤 사역을 하시든 수많은 무리와 함께했다. 예수님은 언제든 어디든 수많은 무리를 몰고 다니셨다.

예수님은 부활 후에도 제자들에게만 나타나시지 않았다. 500명의 지체들에게 나타나셨다. 예수님은 제자들만이 아니라 수많은 사람에게 관심을 두셨고, 그들을 목양하셨다.

부흥이 중요하지 않다고 하는 사람들은 양적으로 숫자가 줄어도 괜찮다고 말한다. 공동체가 점점 작아져도 진실하고 내적인 부흥만 있으면 된다고 말한다. 양적인 부흥이 일어나지 않는 것은 목회와 목양을 함에 있어 자신이 부족하기 때문이라고 생각조차 하지 않는다.

목회적으로 봤을 때, 내적인 부흥이 일어나지 않으면 양적인 부흥도 일어나지 않는다. 그러므로 어느 쪽으로든 부흥이 일어나지 않고 있다면 자신의 목회와 방향을 점검해야 한다. 돌보는 한 명, 한 명이 회심하고 성장하고 성숙하고 있는지 점검해야 한다. 공동체가 건강해지면 양적인 부흥이 일어난다.

한 지체가 대구동신교회에 온 뒤 회복되어 10명의 새신자를 전도했다. 그는 교회가 좋으니까 그냥 전도하게 되었다고 말했다. 그런데 사실 그는 전에 다니던 교회에서 너무 많은 상처를 받았다. 담임목사와 장로, 집사 간에 분쟁이 일어나고 청년부가 해체되는 등 보지 말아야 광경을 너무 많이 보았다. 그즈음에는 지인 중에 교회에 대해 관심을 보여도 선뜻 자신의 교회에 오라는 말을 하지 못했다. 하지만 대구동신교회에 와서 상처가 싸매지고 신앙이 회복되면서 누가 시키지 않아도 저절로 전도하게 되었다고 했다.

교회든 부서든 부흥은 건강한 공동체를 통해 일어난다. 교회를 생각하면 감사한 마음이 들어야 한다. 목회자를 생각할 때 존경하는 마음이 일어나야 한다. 공동체를 생각할 때 감격스럽고, 자랑스러워야 한다. 교회 예배가 기다려지고, 자발적으로 섬기고 싶은 마음이 있어야 한다.

열 명가량의 청년들이 모이는 어느 교회에 헌신예배를 드리러 갔다. 예배 후 청년들과 간담회를 갖는데, 한 청년이 청년부 담당 교역자를 가리키며 이렇게 말했다.

"저 목사님 때문에 교회 오기 싫어요!"

얼마나 싫었으면 외부 강사가 있는 자리에서 내놓고 담당 목사가 싫다고 말할까.

어느 교회에 축구 잘하는 청년이 있었다. 교회는 그 청년이 축구클럽을 만들어 전도하기를 원했다. 하지만 청년은 교회 나오는 것 자체가 싫다고 했다. 교회와 부서에 부흥이 일어나려면 좋은 행사나 프로그램보다 더 중요한 요소가 있다. 교회를 섬기는 리더가 좋아야 한다.

리더와 공동체가 좋으면 사람들이 모인다. 예배가 좋으면 사람들이 온다. 그런 점에서 부흥은 사실 담임목사에게 키가 쥐어져 있다.

담임목사는 부교역자가 공동체 구성원을 잘 케어하지 못해 부흥하지 못한다고 말한다. 그럴 수도 있지만 대체로 담임목사의 설교가 안 좋아서 부흥이 일어나지 못한다. 설교는 좋은데 담임목사의 인격이 안 되어서 교인들이 교회를 떠날 수도 있다. 혹은 목회 방향이 분명하지 않아 실망하고 교회를 떠나기도 한다.

담임목사 혹은 담당 교역자가 메시지를 제대로 전하지 못하면 부흥이 되지 않는다. 부흥은 재정으로 되지 않는다. 부흥은 행사와 프로그램으로 되지 않는다. 앞에 선 리더와 부서의 담당자가 좋은 사람이

어야 하고, 그들이 선한 방향으로 이끌 때 부흥이 일어난다.

서울에 있는 한 교회가 굉장히 부흥했다. 그 교회 목사에게 어떻게 부흥을 이뤘냐고 물었다. 의외의 대답을 들었다. 행사와 프로그램으로 부흥했단다. 내가 행사와 프로그램으로는 부흥이 어려운데 어떻게 부흥이 일어났느냐고 다시 물었다. 주변에 있는 교회들이 행사도 프로그램도 하지 않은 덕분이라고 했다. 아무것도 안 하기보다 교회 구성원들을 행사나 프로그램에 참여하게 하는 것이 부흥에 도움이 된다는 것이다.

어떤 교회는 교회 규모는 있는데 젊은이들이 계속 떠나고 있었다. 알고 보니 전통적으로 예배만 드릴 뿐 모임이나 교육, 훈련이 없었다. 정적이고, 고령화되는 교회에 역동적인 젊은이들이 남아 있을 리 만무하다.

무언가를 지나치게 하는 것도 문제지만, 반대로 아무것도 안 하는 것도 큰 문제다. 교회는 구성원들이 역동적으로 움직일 수 있는 배경을 만들어 줘야 한다. 사람은 근육을 단련해 건강해지면 많은 일을 한다. 운동을 안 하면 있는 근육도 빠져서 건강까지 위험해진다. 물론 과한 운동도 건강상에 문제를 일으킨다. 따라서 건강한 몸을 유지하려면 적당한 운동으로 근육을 적당히 키워야 한다. 교회도 마찬가지다.

전통적인 교회에 변화를 일으키려면 어떻게 해야 할까

전통적인 교회라고 특별히 안 되는 것은 아니다. 전통적인 교회에도 예배, 교육, 훈련이 있고 선교가 있다. 기존의 핵심적인 요소를 강화하고 극대화하면 된다. 전봉적인 교회는 새로운 것을 시도하면 굉장히 힘들어한다. 피아노 위치조차 이동하기가 조심스럽다. 따라서 한 번에 급격한 변화를 시도하면 안 된다. 피아노 위치를 옮기는 일조차 1년 잡고 매주 1cm씩 원하는 쪽으로 이동해야 한다. 그렇게 조금씩 움직여 마침내 반대쪽 끝으로 옮겨지면 아무도 군소리를 하지 않는다. 그렇지 않으면 변화를 시도한 사람이 사역지를 옮겨야 하는 일이 벌어질 수 있다. 이렇듯 전통적인 교회에서는 갑작스럽고 혁신적인 것은 지양해야 한다. 작은 것부터 차근차근, 그것도 조금씩 조금씩 시도해야 한다.

대구동신교회에서 영어예배 사역을 할 때 비전트립을 계획했다. 4박 5일간 제주도로 가서 여행도 하고 영어도 배우고 영성 캠프도 갖고 영어촌극도 발표하는 프로그램으로 짰다. 그렇다 보니 회비가 45만 원이 되었다.

"우리 교회에서 45만 원을 낼 수 있는 사람이 있을까?"

담임목사님에게 보고하자 이렇게 걱정했다. 그러자 다른 부교역자가 "우리 교회는 2만 원 이상 회비를 걷어 본 적이 없습니다"라고 거들었다. 과연 몇 명이나 이 비전트립에 참가했을까? 28명이다. 원

어민과 교사, 학생들이 아주 좋은 시간을 가졌다.

2011년에는 북미로 영어&영성 비전트립을 갔다. 1인당 회비는 350만 원이었다. 미니밴 2대로 이동하기 위해 14명을 모집했는데 금방 마감이 되었다. 이후로 필리핀, 일본, 유럽으로 비전트립을 떠났다. 그동안 비전트립은 어렵다며 꺼리던 다른 부서에서도 제주도로 비전트립을 떠났다.

처음부터 "350만 원 내고 밴쿠버 갑시다" 했으면 반발이 만만찮았을 것이다. 그러나 덜 부담스런 제주도부터 시작하니까 결국 큰돈을 들여도 충격이 덜하게 되었다.

전통적인 교회는 예배를 강화하면 도약할 수 있다. 모든 교회가 예배를 드린다. 하지만 어떻게 예배를 드리느냐가 중요하다. 예배가 감격스러우면 예배자가 변화되고 교회가 부흥한다.

예배를 통해 더 많은 사람이 주님께 나와 변화되도록 1부 5시 새벽예배 후 6시 청년 새벽기도를 만들었다. 청년들과 함께 새벽에 모여 같이 기도한 뒤 곧바로 교육과 훈련에 들어갔다. 체력적으로 힘들긴 했지만 결과는 아주 만족스러웠다.

주일 오후 청년예배를 드린 뒤 저녁 7시 30분에서 9시까지 밤에 뜨는 별 예배를 드렸다. 좀 더 말씀과 기도에 집중하는 시간을 가진 것이다. 청년 새벽기도와 밤에 뜨는 별 예배는 성도들로부터 크게 저항을 받지 않았다. 도리어 장년들 중에서 이 예배에 참석하는 사람들이 생겨났다. 주일 밤 10시에는 교역자들과 같이 둘러앉아 그 주에 드려진 예배를 돌아보고 그다음 주에 있을 일정을 점검하는 시간을 가졌다.

이렇듯 기존에 드리던 예배의 틀에서 약간의 변화를 주어 좀 더 예배가 잘 드려지도록 디자인하는 동시에 성도의 변화와 성숙을 도모하자, 예배가 풍성해지고 공동체가 건강해질 수 있었다.

다음 세대 설교는 어떻게 준비하고 전할 것인가

21세기 설교 방법은 다양하다. 강해 설교, 주해 설교, 주제 설교, 내러티브 설교 등 다양하다. 설교에서 놓치지 말아야 할 것이 설교를 듣는 청중과의 소통이다. 청중과 전혀 공감되지도, 소통되지도 않는 설교라면 아무리 방법론적으로 좋은 설교라도 문제가 된다.

기성세대는 물론 다음 세대에게도 들려지는 설교를 해야 한다. 들리지 않으면 젊은이들은 설교 듣기를 포기한다.

청년들에게는 7:3 설교 혹은 6:4 설교가 좋다. 무슨 말인가? 설교는 성경으로 시작해서 성경으로 마치는 것이 가장 이상적이다. 하지만 청년들은 성경에 대해 잘 모른다. 뿐만 아니라 관심도 별로 없다. 따라서 본격적인 성경 이야기를 하기 전에 사회적 이슈나 사건, 사고를 언급함으로써 접촉점을 만들 필요가 있다. 이 접촉점이 전체 설교에서 3할 혹은 4할을 차지하라는 얘기다.

청소년들에게는 6:4 혹은 5:5 설교가 좋을 수 있다. 청소년들은 청년보다 더 성경에 관심도 없고 알지도 못하기 때문이다. 청소년들은 설교자와 접촉점을 찾지 못하면 설교가 시작되고 얼마 안 돼 핸드폰을 만지작거리며 설교 듣기를 포기할 것이다.

SNS와 유튜브 세대인 청소년들은 단 몇 초에도 수많은 이미지를 습득한다. 그런 청소년들과 접촉점을 만들려면 기성세대가 기존의 방식을 버리고 접근해야 한다. 물론 진리를 변개하라는 얘기가 아니다. 전달 방식과 방법이 진화되어야 한다는 얘기다.

유치부 설교는 쉬울까? 그렇지 않다. 설교자가 아이들과 나이 차가 많이 날수록 어렵다. 유치부 아이들의 눈높이에 맞춰서 설교해야 하기 때문이다.

유치부 아이들로 하여금 설교자에게 관심을 가지고 메시지를 듣게 하려면 어떻게 해야 할까? 유치부 아이들의 주의를 끄는 일은 아주 쉽다. 그냥 "방귀 뽕뽕, 예수님 뽕뽕, 너희 방귀 뽕뽕!!" 하면 아이들이 뒤집어진다. "너 방귀 뀌었지? 엄마, 아빠 방귀 뀌었지?" 그러면 "하하하. 어떻게 아셨어요? 오늘도 꼈는데"라며 즐거워한다. 유치부 아이들은 방귀 이야기로 시작하면 설교가 뚫린다.

유치부 아이들한테 "거룩하신 성삼위 앞에서 거룩할지어다! 그렇지 않으면 저주를 받을지어다!" 하면 설교자를 저주할 것이다. 눈높이를 맞춰야 한다.

마찬가지다. 청중들에게 성경 이야기를 바로 시작하는 것도 좋으나 집중시키기 위해 윤활유를 칠 필요도 있다. "아, 요즘에 일어난 사건 사고 봤지?"라고 시작해서 성경에 일어난 사건과 사고로 넘어가는 것이다.

소통이 없는 설교에 청중들은 귀를 막는다. 유치부 아이들도 초등학교 아이들도 설교자가 설교를 잘하는지 못하는지 알고 있다.

외국에서 초등학교 학생들에게 설교를 한 적이 있다. 그날 초등학교 4학년 아이가 집에 가서 "엄마, 이번에 전도사님이 한 분 오셨는데 설교 조금 할 줄 아네!"라고 말하더란다. 초등학교 4학년만 돼도 설교자가 자신들에게 눈높이를 맞추고 있는지 아닌지 판단할 줄 안다. 어떤 설교자는 성경적인 설교를 한다면서 성경 이야기만 하는데, 그러면 청중의 관심은 성경에서 더 멀어질 뿐이다.

다음 세대에게 설교할 때는 도입부를 잘 준비해야 한다. 3~5분가량은 접촉점이 될 만한 다른 이야기를 하는 게 좋다. 이 접촉점은 당연히 설교 내용과 맥을 같이하는 것이어야 한다. 예를 들어 설교 주제가 '고난'이라면 "너희 요즘 결혼 못 해서 고난이지? 취업 못 해서 힘들지?" 식으로 접근하면 청년들은 자기 이야기라 생각해 솔깃해져서 관심을 갖게 된다.

설교 접근 방식도 중요하지만 설교 제목을 정하는 것도 중요하다. 설교 제목을 보고 무슨 내용일까 궁금해야 한다. 제목이 '고난의 열매'라면 어떤 내용일지 연상되지 않은가? 전혀 궁금하지 않은 제목이다. '그 변호사를 조심하라!'가 설교 제목이라면 어떤가? 뻔하지 않거니와 무슨 내용인지 유추가 되지 않는다. 당연히 궁금해진다. '야행성 장수풍뎅이가 돼라!'는 어떤가? 마찬가지로 궁금증을 유발하는 제목이다.

이런 식으로 설교 제목을 조금 달리하면 내용도 오래 기억하게 된다. "아, 그때 김영한 목사님이 장수풍뎅이 이야기했는데" 하면서. 사실 야행성 장수풍뎅이는 일반 장수풍뎅이보다 2~3배 비싸게 팔린다. 힘이 세기 때문이다. 밤에 남들이 잘 때 날아다니며 운동을 해서 힘이 세진 것이다. 야행성 장수풍뎅이의 그런 특징을 이야기하면서 왜 교육과 훈련을 받아야 하는지를 설교했다.

설교 제목과 도입부를 진부하게 하지 않는 게 포인트다. 청중이 제목을 보고 또 도입부를 듣고 궁금해서 귀 기울이게 만들라는 의미다. 청년부 설교에 참석한 장년들은 대개 제목을 보고 궁금해서 들으러 오신 분들이다.

다음 세대 설교는 다음 세대가 들을 수 있도록 준비하고, 전달해야 한다. 전달한 말씀을 통해 말씀, 기도, 찬양에 빠지도록 만들어야 한다.

담임목사가 부서 설교까지 할 경우,
부교역자는 무엇을 할 수 있을까

"담임목사님이 다음 세대 부서 설교까지 해요."

담당 교역자는 이런 경우 너무 난감하다고 한다. 다음 세대를 세워 가는 데 걸림돌이 된다고까지 말한다. 부서 담당자가 설교하지 않으니 어려울 수 있다. 그러나 그렇다고 해서 공동체를 이끌어 갈 수 없는 것은 아니다. 담임목사가 부서 설교를 하더라도 담당 교역자는 다른 자리에서 충분히 설교할 수 있다. 예를 들어, 부서에 새벽예배를 만들어 메시지를 전할 수 있다. 주중에 양육 혹은 훈련을 하면서 메시지를 나눌 수 있다. 또 일대일 상담을 통해 하나님의 메시지를 개별적으로 나눌 수도 있다.

반대로 담임목사가 메시지를 전해야 하는 자리에 부교역자가 서는 경우도 있다. 주일 오후 예배나 수요 예배, 금요 기도회 때 부서 담당 교역자가 설교하거나 기도회를 인도하는 것이다. 한편, 담임목사의 안식월이나 안식년에 메시지를 전하는 자리에 설 수 있다. 그런 기회가 왔을 때 다음 세대의 목회 방향과 메시지를 나눌 수 있다.

나눌 기회가 없다고 하지 말고 기회를 만들면 된다. 새벽기도를 만들어서 그때 나누면 된다. 같이 기도하면 메시지가 더 강력해진다. 대구동신교회 청년부 디렉터가 되면서 새벽예배를 만들었다. 그 전에는 없었던 예배다. 만들고 난 후 죽도록 고생했다. 새벽에 일어나지 않는 청년들을 깨우고, 모으느라 힘들었다. 그런데 그 시간을 잊을 수가 없다. 공동체가 부흥하고 성숙하는 핵심 엔진이었기 때문이다.

설교할 자리가 없다고 힘들어하지 말고, 양육하면 된다. 주중 그리고 주말에 제자훈련을 하면 된다.

예배, 교육과 훈련, 선교하면서 깨우친 게 있다. 예배 때, 교육과 훈련 때, 선교할 때 어떻게 해야 할까? 예배 때에는 교육과 훈련적 요소가 있어야 한다. 그리고 선교적 마인드를 심어 주어야 한다. 교육과 훈련 시에는 예배에 관해서 이야기하고, 삶의 예배자가 되어 선교자적 삶을 살도록 도전해야 한다. 어떤 교육과 훈련이든지 찬양하고, 기도하고, 말씀대로 살도록 나누어야 한다.

선교는 어떻게 해야 하는가? 예배를 드리고, 교육과 훈련을 하고, 나가야 한다. 나가서도 예배하고, 현장에서 교육하고, 훈련시켜야 한다. 그래야 선교가 된다. 말씀, 찬양, 기도도 없이 선교지에 가면 시험만 들고 선교사와 현지 지도자, 성도들에게 민폐만 끼치게 된다.

예배, 교육과 훈련, 선교를 직접 섬기면 담당 교역자라도 담임목사보다 그 공동체에서 더 영향력을 가지게 된다.

담임목사는 설교만 할 뿐 양들의 이름과 처지를 일일이 알지 못한다. 그러나 담당 부서 교역자는 양들의 사정을 소상히 알고 있다. 성도는 자기의 이름을 불러 주고 알아주고 보살펴 주는 교역자를 따를 수밖에 없다. 그렇게 되면 교역자가 가끔 설교하더라도 그 철학과 목회 방향으로 갈 수 있다.

양육하고, 제자훈련을 할 때 한두 번만 해서는 안 된다. 몇 개월 이상 해야 한다. 양육 대상자를 뽑고 몇 개월간 훈련하면 임팩트 있는 삶의 메시지를 전할 수 있다. 나와 관계가 없는 설교자의 3년 설교보다 관계가 있는 교역자의 3개월 혹은 3주간의 영향력이 더 크다.

양은 자신을 위해 시간을 내주지 않는 목자 그리고 자신의 문제를 위해 아파하지 않는 교역자를 진짜 선한 목자라고 생각하지 않는다. 너무나 아프고 고통스런 내 삶의 문제도 모르는 사람이 '전진, 앞으로'를 외치면 따라는 가겠지만 목숨을 바치지는 않는다. 내 눈물을 닦아 주고 함께해 주는 담당 교역자의 보살핌이 강단에서의 메시지보다 더 큰 영향력을 가질 수밖에 없다.

진재혁 목사님이 '청사진' 즉 '청년 사역의 진수를 만나다' 세미나에서 이런 말씀을 하셨다. 설교 후 성도들과 인사를 하러 본당 뒤에 서 있으면 성도들이 자기한테는 인사하러 오지 않고 교구 담당 목사나 부역교자에게 가서 인사하더라는 것이다. 어느 날 혼자 멀뚱히 서 있는데 부교역자가 자신한테 인사하러 온 성도에게 "담임목사님께 먼저 인사하세요" 하면서 데려와 인사를 시키더란다. 그 순간 차라리 그러지 말지 싶으면서 더 섭섭하더란다.

설교를 했다고 그 목회자가 존경과 사랑을 받는 목자가 되는 건 아니다. 설교하지 않아도 영혼을 잘 보살피는 목회자가 양이 찾는 목자가 된다.

그런 점에서 담당 교역자가 설교를 못 하더라도 공동체의 방향을 잡고 끌어 갈 수 있다. 성경 베스트, 양육 과정, 제자훈련, 편한 번개 모임 등 함께할 수 있는 자리를 만들어 서로 나누고 살피면 양들의 목자로 서게 된다.

교회가 너무 작은데 뭘 할 수 있을까

누군가 예산도 없고 성도 수도 별로 없는 작은 교회라면 무엇을 하겠느냐고 묻는다면 '지금까지 한 그대로 한다'라고 대답할 것이다. 제일 먼저 예배를 회복시키고 두 번째로 교육과 훈련을 세팅하며, 세 번째로 선교에 집중하는 것이다.

개척교회라고 선교를 못 할 이유가 없다. 작은 교회도 다른 개척교회에 가서 섬길 수 있다. 2018년 12월 초, 용인은총교회에서 말씀사경회를 3일 동안 했다. 2016년부터 2017년까지 여러 번 섬긴 푸른숲교회 교인들이 이 기간 동안 용인은총교회에 와서 함께 예배를 드렸다. 푸른숲교회가 부흥하면서 다른 작은 교회를 섬긴 좋은 예다.

개척교회를 섬길 때 특별한 감동과 회복이 일어난다. 첫날부터 마지막 날까지 다음 세대 사역을 하는 목사들이 한 명씩 돌아가면서 섬기는데 나는 보통 마지막 날 집회를 인도한다. 이때 사례비를 걱정하는 교회가 있다. 나는 같이 섬기는 동역자들에게 이렇게 말한다. "개척교회인데 사례비 생각하지 말고 갑시다. 차비를 주면 감사한 일이고, 안 주어도 그냥 같이 가서 섬깁시다!"

사경회를 인도하는 우리부터 감격과 감동에 잠기면 교회가 살아나서 그들의 입에서 "아, 우리도 더 작은 개척교회를 섬깁시다" 하는 말이 나온다. 서울에 있는 교회가 수원에 있는 교회에 가서 섬기자 수원에 있는 교회가 "아, 우리도 개척교회지만 몇 십 명은 있으니까 저기 구미에 가서 섬깁시다. 저기 김천에 가서 섬깁시다" 하며 다른 개척교회를 섬기기 시작했다.

작다고 선교를 못 할 이유가 없다. 작다고 비전트립을 못 간다고 말할 수 없다. 작다고 양육하지 못한다고 핑계 댈 수 없다. 작으면 작은 대로 할 수 있다. 안 하려는 태도가 문제다. 해보지도 않고 포기부터 하는 마음이 문제다. 문제가 있을 것이라고 짐작하는 그 생각이 문제다.

예배를 어떻게 세울 것인가? 교육과 훈련을 어떻게 세울 것인가? 선교를 어떻게 할 것인가? 이런 질문을 계속 던지고 고민할 때 해법을 찾게 된다. 그런 후에는 작게라도 시작해야 한다.

많은 목회자가 그런 마음으로 양육과 제자훈련 그리고 다양한 세미나를 찾아다닌다. 하지만 배운 내용을 교회에 적용하거나 특성화시키지는 못한다. 적용하더라도 지속적으로 유지하지 못한다. 하지만 그렇더라도 포기하지만 않으면 된다. 좌충우돌할 수 있지만 끝까지 포기하지 않고 세워 나가기만 하면 된다.

어떤 분은 내가 큰 교회를 섬기면서 부흥을 일으켰기 때문에 큰 교회만 부흥된다고 생각한다. 하지만 나는 유학하는 동안 개척교회도 섬겼고, 왕복 100km를 왕래해야 하는 중소형 교회도 섬겼다. 모두 부흥했다. 한 자릿수로 모이던 청년부가 3년이 지나자 60~70명이 모이는 공동체로 부흥하기도 했다.

어떻게 했냐고 묻는다면 대답은 "똑같이 했다"이다. 예배에 목숨을 걸고, 교육과 훈련에 뛰어들고, 선교에 헌신하는 공동체를 세우고자 했다.

유학 중에 성서학을 공부하면서 일주일에 네 번 교회에 갔다. 일주일에 세 번 가다가 리더 양성을 위해 한 번 더 가려고 하니 아내가 공부하러 온 거냐 사역하러 온 거냐고 물었다. 그래도 리더를 키워야 하기에 리더들과 찬양하고, 기도하고, 말씀을 나누었다. 그렇게 리더들이 세워지니까 그 친구들이 단기선교에 동참했다. 부흥이 일어나기 시작했다.

현재 섬기는 주님의교회는 대구에서 사역하던 교회보다 규모가 크다. 그러나 청년부만 놓고 보면 천 명 이상이 적고 예산도 10분의 1밖에 되지 않는다. 그러나 똑같이 세팅하고 있다. 리더들을 세우고 있으며, 예배, 교육과 훈련, 선교에 매진하는 것이다.

크든 작든 상관없다. 지방이든 서울이든 관계없다. 국내든지 해외든지 문제가 되지 않는다. 같은 목회 철학을 가지고 동일한 원리를 적용하며 한 방향으로 가면 부흥은 일어난다.

어떤 공동체든 목회적, 교회적 난제들이 있다. 문제가 없는 교회도 공동체도 없다. 문제는 그 문제를 어떻게 풀 것인가이다. 난제는 품고 고민하면 풀린다. 닭이 알을 28일 품어서 병아리로 부화하듯이, 그런 인내를 가지고 끈질기게 씨름하면 된다.

그런데 고민만 하고 시도해 보지 않는 것은, 어미 닭이 알을 품지 않고 쳐다만 보는 것과 같다. 실제로 고민하는 리더는 많지만 부딪쳐 보고 시도해 보는 리더는 많지 않다. 부족하면 부족한 대로 변화를 시도하는 공동체는 변화된다. 꿈틀대는 교회는 건강해진다. 그러므로 이렇게 기도하며 주님이 맡기신 사명을 감당해야 할 것이다.

"하나님 제 사역 가운데 난제가 있습니다. 잘하는 것 같지만 연약한 부분이 있습니다. 연약한 것은 사실이지만 하나님께서 은혜를 주셔서 지금까지 해왔습니다. 앞으로 이 사역이 난제로 끝나지 않고 주님께서 원하시는 열매를 맺게 허락하여 주시옵소서! 저도 행복한 목회, 구성원도 행복한 신앙의 삶을 살도록 아버지, 잠자는 저를 깨워 주시옵소서! 하나님, 이 난제들을 극복할 수 있도록 도와주시고 나와 함께하여 주시옵소서!"

평신도 리더를 세우는
원리와 실제

김동하 목사

창원서머나교회 협동목사
성서유니온선교회 청년사역팀장

"직장과 관련된 전공과
신앙과 관련된 전공 하나를 만들자."

2

가장 먼저 할 일은 리더를 세우는 것

많은 사역자의 고민이 동역자가 없다는 것이다. 함께 사역하고, 함께 사람을 키워 나갈 동역자가 없다. 아무리 설교자가 설교와 강의를 잘해도 그 설교 내용을 이어받아 지속력을 갖도록 하려면 동역자가 필요하다. 그렇지 않으면 사역자는 혼자서 이리 뛰고 저리 뛰다가 번아웃되고 만다.

교회 사역은 절대 혼자 할 수 없다. "멀리 가려면 함께하라"는 말이 있듯이, 길게 내다보고 사람을 키워 내려면 혼자서는 불가능하다. 제아무리 슈퍼맨 같은 사역자라도 혼자서 모든 것을 할 수 없다.

우리의 사역은 건물이 아니라 인물을 만드는 사역이다. 한 아이를 키우려면 온 마을이 나서야 하듯이 한 '인물'을 만들려면 공동체가 함께 나서야 한다.

따라서 교회가 지속적으로 성장하고 성숙하려면 사역자와 함께 교회를 세워 나갈 리더를 세워야 한다. 그리고 그런 리더를 세우기 위해서는 함께 사람을 세울 리더를 먼저 양육해야 한다. 이 리더가 바로 사역자의 동역자가 될 것이다.

교회 규모가 어느 정도 되고, 일할 사람도 많은 공동체라면 이것이 큰 문제가 아닐 수도 있다. 그러나 규모도 작고 일할 사람도 없는 공동체라면 이것은 보통 문제가 아니다.

사역을 시작한 지 오래지 않은 교육전도사 시절에 사역의 전환점을 맞게 된 일이 있다. 서울 목동에 있는 한 교회에서 5~6학년 소년부 아이들을 담당했는데, 이전에 1~6학년으로 구성된 어린이 부서를 경험했던지라 5~6학년이 얼마나 다루기 힘든지 잘 알았다. 고민이 많았다. 사역하다 보니 아이들은 둘째 치고 교사들이 너무 바쁘다는 것을 알았다. 회사의 중역, 강남의 학원 원장, CEO, 고등학교 선생님 등 각 분야에서 리더 역할을 하는 분들이 교사로 헌신하고 있었다. 그렇다 보니 교사들이 돈은 낼 수 있지만 예배 시간 외의 시간을 낼 수 없었다. 고민 끝에 내가 내린 결론은 이랬다.

"학생들을 키우자!"

5~6학년을 섞어서 1년 동안 제자훈련을 시켰다. 그리고 5학년이 6학년이 될 때 이들을 리더로 세웠다. 모두가 보는 앞에서 리더로 세우고 가르치는 것 외, 부서의 모든 일을 이 친구들에게 맡겼다. 예배

시간이 11시 40분이라면 리더들은 11시까지 나와 함께 기도하고 자신이 맡은 사역을 준비하고 감당했다. 예를 들어, 찬양, 교육, 방송, 안내, 의자 정리 등을 각자 나눠서 책임졌다.

나는 이 리더들을 나의 동역자로 여겼고 또 그렇게 행동했다. 전반기와 후반기에 각각 제자훈련을 시키고 방학마다 리더 캠프를 열어 그들이 나의 동역자임을 끊임없이 상기시켰다. 교재는 어린이 파이디온부터 한홍 목사님의 『거인들의 발자국』까지 다양한 커리큘럼을 사용했다. 그렇게 세워진 6학년 리더들을 보고 5학년들이 자원해서 리더로 세워지길 원했고, 따라서 그들을 위한 훈련을 따로 마련했다.

아이들을 리더로 세워 동역하면서 내겐 하나의 철학이 생겼다. '사람을 세우고, 그 사람과 함께 동역해 나간다.'

함께 동역하며 사람을 세워 나가려면 가장 먼저 함께할 리더들을 양육해야 한다. 함께 동역하고 함께 사역할 사람들을 만들어 내는 것이 모든 사역의 기초라고 할 수 있다.

대구에서 청년부 사역을 할 때 첫해의 목표는 15명의 리더와 15명의 예비 리더를 세우는 것이었다. 다음 해는 그 30명과 함께한다는 사역 목표를 세웠다. 1년 동안 전체 에너지의 70%를 이 30명에게 투자했다.

수련회는 기본이고 리더 수련회, 개인 원투원 상담, 여호수아학교 프로그램 등 리더를 중심으로 한 프로그램을 계속 진행했다. 회장이 되는 청년은 거의 1년 내내 함께 다니며 멘토링을 했다.

사람이 참 신기하다. 자기가 맛을 보면 그 좋은 맛을 나누게 되어 있다. 한 사람의 리더를 세우자, 그가 이 기초 동역자를 양육하는 일부터 늘 함께해 줬다. (청년부 회장은 자기가 맛본 기쁨을 다른 청년들도 맛보게 하기 위해 그들을 리더로 훈련하는 데 기꺼이 동역했다.) 어떤 공동체든 리더가 세워지면 그가 동역자가 되어 함께 사역할 수 있다.

동기부여가 중요하다

요즘 청년들은 자기 앞의 생도 벅차다. 취업과 미래에 대한 불안과 염려, 그로 인한 여유 없는 일상…, 무한경쟁 사회에서 청년들은 자기 앞에 닥친 일도 벅차서 교회 일까지 챙길 여력이 없다.

많은 사역자들이 프로그램이 좋으면 청년들이 변화될 것이라고 믿는다. 하지만 현실은 어떤가? 아무리 좋은 프로그램이라고 떠들고 다녀도 청년들은 관심이 없다.

처음에 청년 사역을 하면서 광고를 냈다. "존 맥스웰의 리더십, 360도 리더 과정이 있습니다. 많이 참석해 주세요!" 시간은 다가오는데 반응하는 청년이 아무도 없었다. 그래서 하루는 몇 명의 청년들을 붙들고 물어봤다. 청년들의 반응은 참 다양했다. "아! 그 말이 그 말이었구나", "그게 뭔데요?" 청년들은 자기 일이 아니라고 생각하면 아무리 오랜 시간 설명하고 자주 강조해도 흘려듣는다.

그래서 한 명 한 명 직접 만나서 설명하기 시작했다. 이 과정이 왜 필요한지, 너에게 어떤 도움이 되는지, 어떤 도전을 주는지 차근차근 설명하자, 하나둘 불이 붙기 시작했다. 이렇게 불붙은 이들이 모이면 큰불이 된다.

요즘 청년들은 동기부여가 되지 않으면 움직이지 않는다. 아무리 좋은 대의가 있어도 그것이 나에게 절박하지 않다면 절대 움직이지 않는다. 그렇기에 일대일로 만나 동기부여를 하는 것이 중요하다. 그런 다음 공동체 전체를 설득하면 된다. 그러면 청년들이 꿈틀거리기 시작한다.

가르치지 말고 훈련하라

훈련(訓練)은 '가르쳐서 단련시키는 것'이다. 이 훈련(training, discipline)과 조금 다른 개념이 교육(teaching)이다. 교육은 필요한 내용을 체계적으로 가르치는 것을 말한다. 물론 넓게 보면 교육 안에 훈련이 포함된다고 할 수 있다. 그러나 좁은 의미에서 훈련은 반복해서 익히는 단련에 초점이 있고, 교육은 가르치는 것에 초점이 있다.

우리가 동역하는 리더에겐 훈련이 필요하다. 훈련은 반복하고 되풀이함으로써 습관이 되게 하여 삶에서 능력으로 나타나게 하는 것이다. 고 옥한흠 목사님은 헨리 나우웬(Henri Nouwen)의 말을 인용하여 다음과 같이 말했다.

"훈련은 제자도의 다른 면이기도 하다. 훈련을 수반하지 않는 제자도는 연습을 전혀 하지 않은 채 마라톤에서 뛰기 위하여 기다리고 있는 것과 같다"(옥한흠, 『평신도를 깨운다』 중에서).

교회 청년들과 함께 태권도를 배운 적이 있다. 군대에서 이미 1단을 따 놓은지라 2단에 도전해서 열심히 품새를 배우고 훈련을 했다. 어느 날 태권도 관장에게서 얼마나 준비되어 있는지 검사를 받았다. 그런데 관장이 느닷없이 2단에 도전하는 훈련생과 함께 정권 지르기를 하라는 게 아닌가. 정권 지르기는 흔히 태권도에 갓 입문한 초등학생들이 "태, 권" 하고 구령하며 주먹을 내지르는 가장 기본적인 동작이다. 관장은 그 기본적인 정권 지르기를 계속 반복해서 시켰다.

"조금만 더 위로 오게 하십시오."

"조금만 더 아래로 오게 하십시오."

몇 번을 내지른 후에야 비로소 오케이 사인이 떨어졌다.

"바로 여깁니다. 이 위치를 기억하십시오. 천 번 만 번 정권 지르기를 해도 이 위치에 오게 하는 것이 바로 수련입니다."

그렇다. 실력은 아는 능력 아니라 사는 능력이다. 지식이 아니라 능숙한 것이다. 늘 새로운 것을 배우고 가르쳐야 하지만 그보다 더 중요한 것은 배운 대로 사는 것이다.

훈련은 다른 훈련자를 세울 때 수료된다

많은 사역자가 훈련을 가르치는 것으로 생각하는 경향이 있다. 훈련자의 상태와 수준이 성장하고 성숙했느냐가 아니라 프로그램을 진행해서 마친 것에 만족하는 것이다. 이렇게 되면 프로그램을 위한 프로그램이 되기 십상이다. 사역자가 자신의 가르침에 자신이 없거나 훈련자에게 큰 기대를 가지지 않을 때, 사역자는 자꾸 가르치는 행위에 중점을 두게 된다. 교회에 리더가 없는 이유다.

훈련받고 훈련시켜 본 사람만이 그 배우고 익힌 것에 대해 정확하게 이해할 수 있다. 누군가를 가르치는 사람은 먼저 내용을 숙지할 때까지 공부하게 된다. 더불어 자신을 팔로워하는 사람들의 눈이 무서워서라도 함부로 행동하지 않게 된다. 다시 말해 팔로워들의 모델이 되는 것이다.

청년 사역을 하면서 훈련받은 리더들을 강사로 세웠다. 총 4회를 강의하면 1~2회는 훈련받은 리더에게 맡겼다. 그러자 놀랍게도 그렇게 세워진 리더는 그때부터 나에게 가장 큰 힘이 되는 아군이 되었다.

한번은 사역자가 배우는 리더십 강사 과정에 청년 리더들을 데려갔다. 평소에도 비슷한 훈련을 했음에도, 청년들은 다른 장소에서 다른 교역자들과 나란히 강의를 들은 것에 크게 도전을 받았다. 돌아오는 4시간 내내 그것에 대한 이야기로 열기가 가라앉지 않았다. 얼마 후 이 청년들을 강사로 세워 우리가 받은 훈련 내용을 강의하게 했다.

과연 내가 알던 그 청년들이 맞나 싶을 만큼 그들의 강의는 열강 그 자체였다.

말씀 묵상을 제대로 훈련해야겠다 싶어 일대일 큐티코칭 과정도 개설했다. 신청자를 받아 성서유니온에서 청소년들을 위해 나온 『큐티 스타트』라는 교재로 간단하게 큐티코칭을 시작했다. 이때 조건이 있었다.

첫째, 매일 큐티한 것을 사진을 찍거나 요약해서 카톡으로 보내 줄 것.
둘째, 신앙 서적을 골라 매일 읽고 그 읽은 것을 독서어플인 '하이라이트'에 5~10개 올릴 것.
셋째, 하루에 성경 3장씩 읽을 것
넷째, 하지 않을 시 벌금 1만 원을 낼 것.

그리고 이 모든 것을 밤 11시까지 보고하라면서 계약서를 써서 서명하게 했다.

이 과제는 교재를 끝마칠 때까지 날마다 하게 되는데, 약 5주가 걸렸다. 나는 보내온 과제에 첨삭을 하고 격려를 해줬다. 그리고 이 과정을 마친 청년은 다른 청년을 똑같이 코칭하게 했다. 배운 대로, 훈련한 대로 다른 청년을 훈련시키는 것이다.

반응은 엄청났다. 청년들은 훈련할 때보다 코칭할 때 더 크게 성장했다. 누군가에게 영향을 주는 모델이 되는 것만큼 좋은 동기부여가 없는 것 같다.

제자훈련은 한 사람이 또 다른 한 사람을 세워 나가기 위한 과정이다. 고 옥한흠 목사님은 "제자훈련은 예수님의 사역을 계승하는 소명자로 만드는 작업이다"라고 말했다. 오브리 멜피스와 윌 맨시니는 그들의 책 『리더를 세운다는 것은』에서 리더를 세울 때 가르치는 목표를 정하고 훈련시키는 것이 '이론과 능력을 동시에 갖추게 하는 것'이라고 했다. 리더의 네 가지 핵심 역량인 지식, 기술, 성품, 정서를 모두 개발시킬 수 있다는 것이다.

처음부터 가르치고 훈련할 목표를 주고, 이 훈련은 다른 사람을 훈련할 때 수료되는 것으로 하라. 그러면 좋은 동역자를 만들 수 있을 것이다.

신앙 전공을 만들라

청년부 사역의 목표를 단순한 숫자 늘리기로 삼는다면 훈련보다 돈을 들여서라도 연예인 한 명을 섭외하는 것이 더 나을 것이다. 하지만 우리의 목표는 성숙한 공동체다. 성숙한 그리스도인을 세우는 것이다.

성숙한 공동체를 위해 모두가 배우고 훈련한다면 더할 나위 없겠지만 현실적으로 불가능하다. 그러나 모두가 한 가지 분야의 전문가가 될 수는 있다. 그래서 청년들과 함께 목표를 세웠다.

'직장과 관련된 전공과 신앙과 관련된 전공 하나를 만들자!'

우리가 하나님 앞에서 살아가도록 부름 받았다면 마땅히 신앙 전공도 하나 있어야 하지 않겠는가. 생각해 보라! 누군가 기도를 어떻게 하는지 알고 싶을 때 "OO 형한테 가 봐! 그 형이 기도 전문이야!" 할 만한 사람이 공동체 안에 있다면 얼마나 좋겠는가. 부르심에 대해 고민할 때 "소명 전공은 OO 리더야. 찾아가 봐" 한다면 그 공동체는 얼마나 행복하겠는가.

각 청년이 한 가지씩의 신앙 전공을 갖게 되면 그 공동체만 좋은 것이 아니다. 지방에는 강사를 초청해 수련회나 특강을 열고 싶어도 재정이나 거리 등의 이유로 그럴 수 없는 교회가 많다. 그래서 우리 청년들이 함께 생각했다.

'우리가 신앙 전공을 가지고 다른 교회로 가서 그들을 도와주자!'

청년이 청년을 가르치는 풍경을 생각해 보라. 얼마나 귀한가. 청년이 다른 교회에서 중고등부 학생들을 섬기는 모습을 생각해 보라. 얼마나 아름다운가. 상상만 해도 너무 멋진 일이 아닌가.

우리 청년들은 그런 비전을 가지고 각자 신앙 전공을 하나씩 갖기로 했다. 소명, 기독교 세계관, 기도, 예배, 티칭, 큐티…. 청년들은 쉽지 않은 도전이었지만 각자 최선을 다했고, 지금은 교회 내 새내기 청년이나 예비 리더를 훈련하거나 다른 교회 수련회 때 강의를 나가기도 한다. 전문 사역자와 같은 화려한 기술은 없을지 모르나 적어도 자기가 전공한 분야의 사역을 하면서 청년들은 먼저 자신이 변화된다. 그리고 그런 청년들을 보고 후배들과 친구들이 도전을 받는다.

각 분야에 존경받는 리더가 있는 교회에는 분열과 분쟁과 같은 시끄러운 일이 틈탈 수 없다. 그 교회에는 존경받는 리더와 앞으로 존경받을 예비 리더들이 진을 치고 있기 때문이다. 신앙 전공을 가진 리더 한 명이 일으키는 변화가 얼마나 클지 너무나 기대가 된다.

훈련을 위한 도구들

다음은 리더를 세우는 데 사역자들이 손쉽게 배우고 훈련할 수 있는 프로그램들이다. 나는 훈련 프로그램을 크게 여섯 단계로 나누었다. 성경적 기초 훈련, 성경적 관계 훈련, 티칭 개발 훈련, 지도력 개발 훈련, 개인 영성 훈련, 가정사역 훈련이 그것이다.

성경적 기초 훈련
구약의 파노라마, 신약의 파노라마, CTC 세계관 훈련(5주), 한눈에 보는 교리(6주 파이디온), 크리스천 베이직(교리), 선교의 파노라마(6주), 하나님이 형통하게 하시는 삶, 사랑의교회 성경대학 교재, 교리대학

'구약의 파노라마'와 '신약의 파노라마'는 구약과 신약을 가장 쉽

게 알려 줄 수 있는 프로그램이다. 구약, 신약의 내용을 77개의 동작으로 배우도록 한 것으로 매우 재미있고 효과적이며 창의적으로 구성되어 있다. 세계 여러 곳에서 쓰이고 있는 월드티치(디모데 성경연구원)의 대표적인 성경 프로그램이다. 3~6일 걸리며, 구약과 신약을 최소 9시간으로 다 배울 수 있다. 1년에 두 번 정도 강사 훈련을 한다.

'CTC 세계관 훈련'은 약 6회에 걸쳐 기본적인 기독교 세계관을 훈련하는 과정이다. 자료를 받을 수 있는 강사과정은 이틀 교육으로 수료할 수 있고, 가장 기본적인 과정은 '생각 코칭'이다. 이외에도 어린이용으로 제작된 '미디어 코칭', '성품 코칭' 등이 있다.

교리 과정으로는 '한눈에 보는 교리'(파이디온 6회) '크리스천 베이직'(15회)이 있다. '한눈에 보는 교리'는 파이디온선교회 교사 훈련 과정으로 6주에 걸쳐 조직신학 전반에 관한 내용을 배울 수 있다. 일일 프로그램인 강사 훈련을 통해서만 자료를 구입할 수 있다.[1] '크리스천 베이직'은 디모데 성경연구원에서 나온 프로그램으로 교리에 관한 자세한 내용이 소개되어 있다.

'크리스천 베이직'과 더불어 '크리스천 베이직 플러스'도 있는데, 이것은 신앙과 교회생활에 대해 알 수 있도록 만들어졌다. 디모데 성경연구원 홈페이지에서 구입할 수 있다. 교리나 성경에 대해서는 사랑의교회 성경대학과 교리대학 과정도 추천할 만하다. '사랑의교회

---

1 파이디온의 세미나는 다음에서 찾을 수 있다. http://www.paidionsquare.com/seminar/pindex2.php

'교리대학'은 24주 과정으로 짧으면서도 어렵지 않게 진행할 수 있다.[2] 이것은 사랑몰에서 구입할 수 있다.

'선교의 파노라마'는 선교 나가기 전에 선교에 대한 큰 그림을 배울 수 있는 프로그램이다. 6주 과정이며 디모데 성경연구원 홈페이지에서 구입할 수 있다.

성경적 관계 훈련
강점 훈련(4주 한국긍정심리학회), 피플퍼즐(DISC 3주), 소통과 공감 훈련

'강점 훈련'은 한국긍정심리강점연구소에서 주관하는 프로그램으로 성인 과정과 청소년 과정이 있다. 현재 토요일 3회 훈련으로 강사 과정이 주어진다. 이 과정은 기독교 프로그램이 아니나 기독교 프로그램으로 활용하여 각 사람의 은사를 들여다보고, 서로의 강점을 찾아내는 훈련을 할 수 있는 프로그램이다. 다른 프로그램에 비해 다소 비싸다. 하지만 프로그램을 이수하고 도구를 구비한다면 일반 학교에 들어가서도 강의할 수 있는 활용도가 높은 과정이다.[3] 만약 이 훈련 과정을 생략하고 강점만 탐구해 보고 싶다면 홈페이지에서 1만 원을 내고 유료로 검사를 받을 수 있다.[4]

---

2 사랑의교회 교재. http://www.sarangm.com/?product=27782
3 강점 훈련 과정을 탐구하고 싶다면 http://www.strengthgarden.co.kr/를 찾으면 된다.
4 강점 테스트만 진행하고 싶다면 http://www.strength5.co.kr로 들어가면 된다.

'피플퍼즐'은 DISC 성격 유형을 성경적으로 해석한 것으로 서로에 대한 이해와 적응을 목표로 훈련하는 과정이다. 강의는 총 3회에 걸쳐 진행할 수 있다. 디모데 성경연구원에서 하루 프로그램으로 강사과정 취득이 가능하다.

'소통과 공감 훈련'은 청년들이 타인을 이해하고 그럼으로써 친밀한 관계를 맺도록 하는 프로그램이다. 8주에서 12주 과정으로, 강점카드와 욕구카드를 이용해 여러 나눔을 활용할 수 있다.[5]

티칭 개발 훈련
삶을 변화시키는 가르침의 7가지 법칙, 티칭 스타일, 가르침의 7가지 법칙, 협동학습, 크리스천 티칭

'삶을 변화시키는 가르침의 7가지 법칙'과 '티칭 스타일'은 디모데 성경연구원의 6대 핵심 과목 중 하나이며, 하루 이수 과정으로 배울 수 있다. '삶을 변화시키는 가르침의 7가지 법칙'은 교사 혹은 리더로서 가르침에 대한 배움과 철학을 다룬다. '티칭 스타일'은 티칭에 관련된 부분을 중점적으로 다룬다. 둘 다 6회로 가능하며, 일일 프로그램으로 강사과정을 훈련할 수 있다. '가르침의 7가지 법칙'도 비슷한 과정이지만 홈페이지에서 구입할 수 있다.

---

5 http://www.dletter.co.kr/

'협동학습'은 어린이 소그룹을 위한 프로그램으로, 모든 소그룹 활동에 활용할 수 있다. 기본 과정에서는 26개의 소그룹 기본 원리와 교재를 만드는 원리를 배우게 된다. 청년 소그룹 모임뿐만 아니라 소그룹 리더 훈련에도 사용할 수 있다.[6]

'크리스천 디칭'은 파이디온 선교회 교사 디칭 강의이며 세미나를 들어야 이수가 가능하다.[7]

지도력 개발 훈련

존 맥스웰 리더십 훈련 1-6(Equip), 반목회, 360도 리더 세미나, 생각의 변화로 성장하는 리더, 실패를 딛고 성장하는 리더, 함께 승리하는 리더, 비전 있는 삶, 스튜어드십 '선한 청지기의 삶', 사랑의교회 제자훈련·사역훈련

'존 맥스웰 리더십 훈련'은 디모데 성경연구원의 국제 EQUIP에서 만든 과정이다. 기본 리더십 과정으로 한 과정마다 6회로 구성되어 있다. 존 맥스웰 리더십의 가장 기본이라 할 수 있으며 청년들을 리더로 훈련하는 데 더할 나위 없이 좋은 프로그램이다. 이 과정은 디모데 성경연구원에서 1년에 두 번가량 이틀에 걸쳐 '리더십 페스티벌' 과정을 열 때 취득할 수 있다.

'반목회'는 파이디온에서 만든 교사훈련 프로그램으로, 교회학교의 반 운영이 목회와 같다는 취지에서 반목회라고 이름 붙였다. 교사

---

6 http://www.cetnd.org
7 http://paidionsquare.com/shop/view.php?it_id=13685067636300&tn=2

는 물론 리더를 훈련하는 데 유용하다. 하루 과정의 세미나를 들어야 한다.

'360도 리더 세미나'는 존 맥스웰 리더십의 플러스 과정으로 심화 과정이라고 보면 된다.

'생각의 변화로 성장하는 리더'는 생각의 중요성을, '실패를 딛고 성장하는 리더'는 실패를 딛고 이겨 나가는 힘을, '함께 승리하는 리더'는 팀 사역의 중요성을 훈련한다. 이 과정들 역시 리더십 심화 과정이며, '리더십 페스티벌' 과정 때 샘플 강의를 듣고 취득할 수 있다.

'비전 있는 삶'은 디모데 성경연구원의 프로그램으로 느헤미야서를 바탕으로 비전을 어떻게 발견하고 발전시킬 것인가를 알려 준다. 4회 과정이다. 연초나 연말에 활용하면 좋으며 홈페이지에서 구매할 수 있다.

'스튜어드십, 선한 청지기의 삶'은 5회에 걸쳐 시간, 재물, 은사, 메시지의 청지기로 살아가는 길을 훈련하는 과정으로 홈페이지에서 구매 가능하다.

'사랑의교회 제자훈련 · 사역 훈련'은 제자와 리더로 훈련하는 프로그램으로 각각 1년 과정이다. 국제제자훈련원에서 주관하는 칼 세미나 과정을 수료해야 이 프로그램을 운영할 수 있다.[8]

---

8 국제제자훈련원 http://www.disciplen.com/

개인 영성 훈련
말씀 묵상 기본과정, 일대일 큐티코칭, 일대일 양육 훈련(하나님 나라 제자훈련 시리즈), 100권 독서 훈련, 재능플러스 알파리더(Equip), 오늘을 최고로 만드는 리더(Equip)

'말씀 묵상 기본과정'은 큐티에 관한 가장 기본적인 훈련을 하는 것으로 5~6회 과정이다. 전국에 있는 성서유니온 지부에서 두 달에 한 번씩 기본 과정을 연다.[9]

'일대일 큐티코칭'은 성서유니온의 청소년 교재인 『큐티 스타트』를 활용해서 일대일 큐티 코칭을 하는 것이다. 성서유니온 홈페이지에 지도자용 PPT와 인도자 지도안이 있으며, 훈련받은 리더가 또 다른 리더를 훈련할 수 있다.[10]

'일대일 양육 훈련'은 교재가 다양하게 나와 있으나 하나님 나라 제자훈련 시리즈가 적당하다. 하나님 나라 제자훈련 시리즈는 다소 어렵긴 하지만 새가족 교육부터 제자훈련을 단계별로 해나갈 수 있다. 서점에서 구입하거나 홈페이지에 모든 자료가 공개되어 있으므로 활용하면 된다.[11]

'100권 독서 훈련'은 청년들의 독서 훈련을 목적으로 만들어진 커

---

9   성서유니온 https://sum.su.or.kr:8888/ministry/event
10 큐티스타트 지도자용 https://sum.su.or.kr:8888/resource/view?SearchOtn1=&SearchTxt1=큐티스타트&NowPage=1&ntt_id=224161
11 킹덤처치 연구소 https://www.facebook.com/fnlchurch.org

리큘럼으로, 다양한 분야의 도서를 선정해 하루 20분씩 읽도록 하고 매주 한 번 모여 읽은 내용을 바탕으로 글을 쓰는 훈련이다. 100권이 부담된다면 50권은 일반 도서, 50권은 북코스모스[12] 같은 곳에 있는 요약본 도서를 가지고 읽기 훈련을 해도 좋다. 도서는 교역자가 각 분야에서 추천 도서를 정하면 된다.

'재능플러스 알파리더'는 6회 과정으로 타고난 재능 외의 재능을 개발하고 훈련하는 프로그램이다. '오늘을 최고로 만드는 리더'는 오늘 하루하루를 충실히 삶으로써 미래를 준비하도록 훈련하는 프로그램이다. 이 두 과정은 EQUIP의 존 맥스웰 리더십 플러스 과정이며 각각 6회로 교육할 수 있다. 이 역시 디모데 성경연구원의 '리더십 페스티벌' 때 강사 과정을 듣고 취득할 수 있다.

가정사역 훈련
결혼예비학교(한국NCD), 크리스천홈, 하나님이 보여 주신 행복한 부부생활

한국NCD의 결혼예비학교는 결혼을 앞둔 예비부부들을 대상으로 결혼생활을 준비하고 지혜롭게 하도록 훈련하는 것으로 4~5회 진행한다. PPT와 자료가 포함되어 있으며 명사들의 강의를 들을 수 있도록 링크되어 있다. 하루 과정으로도 들을 수 있다.[13]

---

12 도서 요약 전문 사이트 북코스모스 http://www.bookcosmos.com/Main/Intro.Asp
13 http://ncdkorea.net/bbs/write.php?bo_table=05_orange_k

디모데 성경연구원에서 나온 '하나님이 보여 주신 행복한 부부생활'은 6회 과정으로 부부로서 어떻게 살아가야 하는지에 초점을 맞추고 있다. 하루 과정으로 들을 수 있고, 예비부부와 신혼부부를 대상으로 강의하면 좋다.

　　'그러스천홈'은 디모데 성경연구원의 프로그램으로 가정에 초점을 맞춰 4주 동안 진행한다. 홈페이지에서 구입할 수 있다.

3

미디어 시대에 꼭 필요한 이단 사이비 대책

조민음 목사

바른미디어 발행인
임마누엘교회 협동목사
저서 『이단백서』 외 다수

"조국 교회를 위해 성실히 뛰고 싶다.
조국 교회를 생각할 때 뛰는 가슴을 주셔서 감사하다."

3

무차별적 소송의 결과는 안면 마비

이단 사이비 사역에는 필연적으로 법적 소송이 따라붙는다. 바른미디어를 운영하며 이단 사이비 대책 사역을 하는 나도 예외는 아니다. 희한하게도 이단 사이비들의 시비가 마냥 싫지만은 않다. 바른미디어가 정상적인 방향으로 사역을 하고 있다는 방증으로 느껴지기 때문이다. 다양한 콘텐츠를 만들어 내도 아무런 영향력이 없다면 이단 사이비의 조롱감만 될 뿐이다. 그들이 적극적으로 대응한다는 건 바른미디어가 제 길을 가고 있다는 뜻이다.

바른미디어를 시작하고 한 달이 채 되지 않은 시점부터 육두문자가 섞인 비상식적인 항의 전화를 받았다. 더불어 항의 메일과 내용증명을 받기도 했다. 항의 전화야 끊어 버리면 그만이지만 그 30초의 전화가 하루를 망칠 때도 있다.

바른미디어를 향한 공식적인 문제 제기는 바른미디어를 시작한 지 3개월 만에 시작되었다. 첫 문제 제기는 기쁜소식선교회(세칭 박옥수 구원파) 측에서 해왔다. 몇몇 기사를 문제삼아 언론중재위원회에 제소한 것이다. 언론중재위원회는 기사의 정정, 삭제 혹은 반론을 요구하는 곳이다. 언론사의 중립성 때문에 대부분의 언론사의 반론 즉 '상대가 이렇게 주장해 왔다' 정도는 게재하도록 합의한다. 그런데 바른미디어는 이단들의 요구를 단 한 번도 들어주지 않았다. 기사의 수정 및 삭제는 물론 반론 보도도 허용하지 않았다.

이단들은 반론을 악용해 정정했다고 오도하는 경우가 많다. 이단 사이비 관련 기사는 반론을 허용하지 않도록 애초에 완벽하게 작성하는 것이 중요한 이유다. 기사를 쓰는 족족 문제를 제기하는 경우가 많아 이단 관련 기사는 단순한 글쓰기 작업이 아니다. 기사가 법적으로 문제의 소지가 있는지 등 법리적 판단을 할 수 있어야 한다. 또한 가진 자료를 어떻게 활용해 효율적인 기사를 쓸 수 있을지 전략을 짜는 지혜가 필요하다.

바른미디어는 2018년 한 해만 총 8건의 고소를 당했다. 형사소송은 6건, 민사소송은 2건이다. 저작권, 명예훼손, 손해배상 등 사안도 다양하다.

형사소송은 경찰 조사를 받아야 하고, 민사소송은 바로 재판이 시작된다. 조사를 받거나 재판을 받기 전 경찰과 재판부를 이해시킬 소명 자료를 만들어야 한다. 8건의 소송 중 6건이 불과 한두 달 사이에 집중되면서 하던 모든 일을 멈추고 소송에 매달렸다.

시간도 시간이지만 재정이 제일 큰 문제다. 형사소송에 제출하는 변호사 진술서는 건당 50만 원에서 100만 원이다. 민사소송은 1심을 치르는 데 330만 원 정도 든다. 이마저도 지인 변호사를 통해 산정된 저렴한 금액이다.

이단 사이비는 1심에서 지더라도 대법원까지 사건을 끌고 간다. 일반적으로 한 사건당 1천만 원 드는 셈이다. 형사소송이 모두 불기소 처분되어도 진술서 비용, 민사소송 변호사 비용 등 8건의 소송에 대응하기 위해서는 수천만 원이 필요하다. 민사소송의 경우 소송이 제기된 법원으로 출석해야 하므로 시간 낭비도 이만저만이 아니다.

스트레스를 받지 않는다면 거짓말이다. 소송에 대응하며 극도의 스트레스로 인해 안면 마비 증상을 겪었다. 얼굴의 정확히 절반이 움직이지 않았다. 눈도 깜빡이지 않았고 발음이 부정확해졌다. 다행히 한 달간 집중 치료를 받고 회복이 됐다.

이단 사역자들은 단순히 이단의 교리만 알아서는 안 된다. 법률적인 싸움이 필연적이기 때문에 기본적인 법률 지식을 갖춰야 한다. 나는 이단 사이비를 법률적으로 대응하는 부분에 관심이 있었다. 이단 사이비 관련 판결을 수집하고 분석해 왔다. 이단 사이비 관련 명예훼손, 저작권, 손해배상 등은 기존의 판결들을 이용하면 대응하기 어렵지 않다. 8건의 소송 중 단 1건만 변호사를 선임했다.

그마저도 시간적 여유가 없어서였지 법리적으로 판단하는 데 어려움이 있는 사건은 아니었다. 형사 사건은 한 경찰서의 담당 형사가 법리를 이해하지 못해 상당한 어려움을 겪어 변호사 의견서를 첨부하는 수준으로 비용을 지출했다.

하나님을 얼마나 아느냐?

한때는 악기로 하나님을 찬양한답시고 열심히 돌아다녔다. 여기저기서 많은 기회가 주어졌다. 당시 실력으론 언감생심이었지만, 앨범도 녹음하고 큰 무대도 서 봤다.

그러던 어느 날 문득 내가 찬양한다는 하나님을 '얼마나 아느냐?'는 물음이 생겼다. 그때까지 한 번도 해보지 않은 질문이었다. 사실은 이런 의문을 가져 보지 않은 것 자체가 문제였다. 찬양이라고 만들어진 곡을 열심히 연주했으니 하나님을 잘 안다고 생각했다. 물론 연주한다고 돌아다닌 시간을 헛되다고 생각하지 않는다. 다만 당시 나의 신앙이 성경과 신학에 기초하지 않은 아주 얕고 무지한 것이었음을 고백하지 않을 수 없다.

하나님이 성경을 통해 자신을 계시하셨다기에 미친 듯이 기록된 그분의 말씀을 읽기 시작했다. 시간을 조율할 수 있는 대학생이라는 신분을 활용해 온종일 성경만 읽은 날도 있다. 정확히 세어 보진 않았지만 1년에 50독은 했을 것이다.

하나님의 존재와 그분의 존재 양식에 대한 탐구의 갈증이 나를 신학대학원으로 인도했다. 신학대학원 시절 개혁주의와 보수적인 복음주의 신학자들의 글과 저서를 탐구했다. 학교 공부보다 책 읽기에 거의 모든 시간을 사용했다. 3년간 약 400권의 신학책을 읽었다.

이단 사역에 뛰어든 이유

신대원 시절 예장합동 측 교회에서 사역했다. 교회는 합동인데 합동의 신학과는 거리가 먼 모습이었다. 학생들과 성경 공부를 하던 중 문을 열고 들어와 이런 것 왜 하느냐는 담임목회자의 상식 밖 행동도 맡은 아이들의 얼굴을 보며 인내했다.

하루는 검증 불가한 치유 사역자를 교회에 초빙한다는 소식을 들었다. 이 부분에 대한 문제를 제기했고 그로 인해 교회를 사임하게 되었다. 집회에 참석한 사람들로부터 들은 얘기로는, 강사는 구름 위를 걸었다면서 지금 예배당에 백마 탄 사람이 나타나 꽃잎을 뿌리는데 그것이 예수님의 보혈이라고 말했다 한다.

교회를 사임한 시기가 새로운 사역지를 구하기 어려운 2월이었다. 교회 사역으로 많이 지쳐 있어서 무리하게 사역지를 구하고 싶지 않았다. 마침 이단을 전문으로 다루는 언론사의 구인공고를 보았다.

어릴 적 친한 친구의 아버지가 이단에 빠져 가정이 풍비박산 난 기억이 갑작스레 떠올랐다. 이단성 있는 인사의 집회 문제로 인해 교회까지 사임하게 된 터라 이단을 다루는 언론사에서 근무해야겠다고 마음먹었다. 그때는 교회로 돌아갈 것을 염두했다. 목회 현장과 이단이 떼려야 뗄 수 없는 관계이기 때문에 몇 년 경험을 쌓는 정도로만 생각했다. 스물아홉 살 때였다.

이단 사역을 하면서도 신천지, 하나님의교회, 통일교 등의 이단 사이비보다 교회 안에 있는 이질적 혹은 불건전한 가르침에 더 관심이 많았다. 교회 밖 이단들로 인한 피해자도 많지만, 교회 내부에서 출현한 갖은 이설들로 혼란을 겪는 성도도 많다. 성도들은 교회 안에서 정통이라는 이름으로 가르쳐지는 비성경적 사상들을 분별하는 데 어려움을 느낀다.

현장을 뛰어다니며 얻은 경험을 토대로 한국 교회 내에서 가장 논란이 되는 사상 여섯 가지를 꼽았다. 신사도운동, 번영신학, 천국 지옥 간증, 극단적 세대주의 종말론, 킹제임스성경 유일주의, 가계저주론이 그것이었다.

이 주제로 책을 쓰기로 했다. 그러나 막상 글을 쓰려니 '주제별로 많은 내용을 담을 수는 있지만, 한편으로 신사도운동이나 킹제임스 유일주의만을 깊이 공부하고 연구하는 성도들이 얼마나 될까?'라는 현실적인 고민이 되었다.

고민 끝에 신학적 지식이 깊지 않고, 여섯 가지 주제에 대한 사전 정보가 없어도 부담 없이 읽을 수 있는 입문서가 필요하다고 결론 내렸다. 주제별로 가장 중요한 중심 사상을 설명하고 간략하게 비판했다. "신사도운동이 뭐야?" "베리칩이 요한계시록에 나오는 666이라는데?" "왜 킹제임스성경만 완전하다고 말하지?"라는 질문을 받았을 때 성도들이 혼란을 느끼지 않도록 가이드라인만 제시하는 수준으로 썼다.

책을 읽고 더 깊은 공부를 시작하도록 동기를 부여할 수 있다면 그것으로 충분하다고 생각했다. 2016년 11월, 첫 책 『이단인가 이설인가: 논란이 되는 주장들 바로 알기』가 출간되었다. 이단 사역을 시작한 지 5년 차 때였다.

평가는 나쁘지 않았다. TV를 포함해 언론사 일곱 군데에서 책을 소개해 주었다. 책을 읽고 도전받았다는 메일, 교회에서 잘 가르쳐 주지 않은 부분을 속 시원하게 정리해 주었다는 문자, 신학을 공부하지 않았는데도 잘 읽혀서 좋았다는 피드백을 받았다.

장님 코끼리 만지기 식의 이단 사역

하나의 사역에 5~6년간 집중하다 보니 이 사역이 앞으로 어떻게 진행되어야 하는지가 보이기 시작했다. 『이단인가 이설인가』를 출간하던 시점에 계속해서 나 자신에게 질문을 던졌다. '이단 대책 사역이

과연 올바른 방향으로 가고 있는가.'

이단 대책 사역의 패러다임이 반드시 변해야 한다고 생각했다. 한국은 1910년대부터 이단 사이비가 자생하기 시작했다. 자생하기 전에 이미 해외 이단이 들어온 상황이기도 했다. 한국의 이단사도 이제 100년이 넘은 셈이다. 지금까지 한국에서 이뤄진 이단 사이비 대책은 대부분 교리 비판과 예방 세미나 정도였다. 그런데 이제는 시대가 바뀌었다.

임상심리학 박사이자 오랜 기간 중독을 주제로 강연과 저술 활동을 펼쳐 온 앤 윌슨 섀프의 『중독 사회』는 "현대 사회는 놀라운 속도로 퇴화를 거듭하는 중이다"라는 문장으로 시작된다. 저자는 인간은 부정부패, 금융위기, 도덕성 결핍, 오염, 전쟁 위협 등의 암울한 현실 속에서 살아가지만 당면한 문제들에 별다른 대응을 하지 못하고 있다고 진단한다. 몇 가지 이유를 설명하는데, 그중 한 가지가 흔히 알고 있는 '장님 코끼리 만지기' 비유다. 코끼리는 귀만 있는 것도 코만 있는 것도 아니고 한 마리만 있는 것도 아니다. 코끼리가 태어나서 살고 죽는 과정을 보며 코끼리를 파악해야 코끼리를 온전하게 인식할 수 있다. 저자는 모두는 아니지만, 대부분의 경우 당면한 문제 전체들에 대해 지금까지 총체적으로 고려해 제대로 다룬 적이 없었다고 지적한다.

한국의 이단 사이비 대책이야말로 장님 코끼리 만지기 수준에 머물러 있다는 생각이 머릿속을 떠나지 않았다. 분명 이단 사이비에 대한 경각심은 높아졌다. 탈퇴자도 많아졌고, 법적인 싸움도 많이 이겨 좋은 판례들을 얻어 냈다. 그럼에도 여전히 이단 사이비 대책은 암울하다. 세 가지 이유에서다.

첫째, (당사자 혹은 가족 외에) 이단 사이비의 가장 큰 피해자인 교회가 이 문제에 관심이 없다. 신천지 출입 금지 스티커 하나 붙이고, 1년에 이단 사이비 세미나 한두 번 하는 것으로 충분하다는 안이한 생각이 주를 이룬다.

물론 매번 '이단, 이단', '사이비, 사이비' 할 순 없다. 그렇게 돼서도 안 된다. 하지만 그런 염려는 기우였다. 소름 끼칠 정도로 한국 교회는 이단 사이비에 무관심하다. 이단에 관심이 없으니 대책 방안에 관심이 없고, 피해자들이나 이단 대책 사역자들에 대한 관심도 없다.

둘째, 교리 비판에만 초점을 맞춘 이단 대책은 바르지 않다고 생각한다. 교리 비판이 중요하지 않다는 말이 아니다. 이단 사이비의 핵심 교리를 논박하고 정통 교리로 새롭게 교육하는 과정은 이단 사이비 단체에서의 탈퇴는 물론 건강한 삶과 신앙인으로서의 정착을 위해 더없이 중요하다.

문제는 교리 비판에만 집중했을 때 발생한다. 예장합동이 신천지를 이단 사이비로 결의하면서 공식적으로 '신학적 비판 가치 없음'이라고 결의했다. 그런데 많은 사람이 비판 가치가 없는 신천지 교리를 비판하고 있다. 이단 사이비에 대한 편파적인 정보를 습득하거나 혹은 일부 교리를 비판할 줄 안다고 해서 이단 사이비를 이해했다고 자평한다면 딱 장님이 코끼리를 만지고 코끼리를 안다고 생각하는 꼴이다. 교리적인 잣대로만 이단 사이비를 대책하는 이들은 적어도 교리 전문가이지 이단 사이비 전문가는 아니다.

몇 년 전, 한 단체에 맹목적으로 순종하다 절도죄로 구속된 청년을 면회한 적이 있다. 감옥에 들어오니 현실을 파악했다고 한다. 절도범으로 낙인찍힌 그는 출소 후 무엇을 할 수 있을까.

20대에 이단 사이비 단체에 들어갔다가 30대에 탈퇴한 청년들이 많다. 이 사회를 살아가기 위한 준비를 위해 치열하게 보내야 할 10년을 낭비한 청년들이다. 이들의 회복을 위하는 일 역시 이단 사이비 문제의 일환이라는 공감대는 언제쯤 확산될까? 청년들을 보면서 나의 고민이 깊어졌다.

마침내 바른미디어 설립

고민 끝에 2017년 3월, 몸담았던 언론사를 퇴사했다. 2012년 3월에 입사했으니 만 5년, 연차로는 6년 차였다. 리더는 끊임없이 사역이 발전할 수 있도록 공동체 구성원이 공감하는 비전을 제시해야 한다. 제시한 비전을 성취하기 위해 리더가 앞장설 때 구성원은 공동체를 위해 헌신하기 시작한다. 리더가 이익을 독식하고, 비전을 제시하지 못하면서 구성원에 의지하게 될 때 공동체는 발전은커녕 퇴보하게 된다. 이런 고민을 그 공동체에서는 해결할 수 없다는 확신이 들었다. 사역의 확장을 도무지 기대할 수 없는 구조와 정책을 가진 곳에서 몸담을 필요성을 느끼지 못했다.

가진 고민을 펼쳐 놓고 당장 눈에 보이는 사역을 하기 위해 독립하기로 마음먹었다. 퇴사를 하려면 3개월 더 근무해야 한다는 다소 무리한 요구도 들어주었다. 퇴사 후 다음 스텝을 바로 이어 갈 수 있도록 근무 시간 외에 바른미디어 설립을 위해 다양한 행정적 절차를 준비했다.

바른미디어를 세우면서 수만 가지를 고민했다. 왜 이단 전문 언론사를 세워야 하는가, 이미 이단을 다루는 언론사들과 어떤 점에서 차별화되어야 할까, 행정적 허술함으로 여러 차례 법적 문제를 겪은 교계 여러 언론사의 전철을 밟지 않기 위해 무엇부터 해야 할까, 후원자는 어떻게 모집할까, 당장 돈 한 푼 없는 상황에서 언론사를 운영할 수 있을까….

다양한 고민을 하며 바른미디어에 대한 그림을 그리기 시작했다. 현재 한국에서 인터넷 언론사를 세우는 일은 그리 어렵지 않다. 박근혜 정부 시절, 취재·편집 인력 5인 미만의 인터넷 언론사를 등록 취소하려는 신문법 시행령이 내려진 바 있다. 유사 언론사 행위를 규제한다는 이유에서였다. 헌법재판소는 이에 대해 언론사 자유를 침해한다는 이유로 위헌 결정을 내렸다. 그 때문에 한국에서 인터넷 언론사는 그리 어렵지 않은 몇 가지 규정만 갖추면 시작할 수 있다.

언론사를 쉽게 만들 수 있는 구조가 가진 병폐는 모래성 위에 세우는 조직을 양산한다고 판단했다. 최대한 바른미디어를 행정적으로 단단하게 세울 수 있는 방법을 택했다. 이단을 다루는 언론사들의 행정적 허술함을 노린 이단들의 법적 문제 제기가 여러 차례 있었기 때문에 더욱 많은 고민을 하게 되었다.

한 개의 주식회사를 세우고, 하나의 비영리 민간단체를 세웠다. 두 단체를 이용해 사업과 후원이 법적인 문제 없이 진행되도록 만들었다. 교계에 어떻게 소문이 났는지, 세워진 지 20년 된 언론사에서 어떻게 행정적 체계를 세워야 하는지 물어 오는 해프닝도 있었다.

행정적인 절차를 준비하며 바른미디어가 전문적으로 다룰 분야도 생각하게 되었다. 신학과 이단 사이비를 동시에 다뤄야겠다고 생각했다. 이단 사이비는 나의 분야이니 제쳐두고, 신학을 다룰 수 있는 검증된 교수님들을 찾기 시작했다. 교수님들의 글을 받고 영상 인터뷰를 찍기도 했다. 신학에 관심 있는 사람들과 이단 사이비에 관심 있는 사람들이 동시에 바른미디어에 들어와 때로는 관심 밖의 분야들을 살피고 안목을 넓히는 데 도움을 주는 것에 목적을 두었다.

위에서 언급한 이단 대책의 패러다임을 바꾸기 위해선 바른미디어가 언론사로 멈춰 있으면 안 된다. 지금은 내가 제일 잘할 수 있는 언론사로 자리를 잡아 가는 단계에 있을 뿐이다. 앞으로 피해자, 탈퇴자들의 회복과 전반적인 이단 사이비 대책을 위한 총체적인 기구로 자리 잡으려 한다. 누군가 바른미디어를 왜 세웠냐고 물어본다면, 대답은 간단하다.

"시대에 발맞춘 이단 사이비 대책을 위해서."

콘텐츠로 승부해야 한다

이단이 미디어를 적극적으로 활용하는 시대다. 유튜브는 이제 단순한 동영상 시청 사이트가 아니다. 앱 분석 업체 와이즈앱에 따르면 2018년 4월 한 달간 유튜브 앱의 월간 순 사용자 수(한국)는 약 2900만 명으로 밝혀졌다.

1인당 유튜브를 월 882분 사용하는데, 10대에서 40대는 앱 중에서 유튜브를 가장 오래 사용한다는 결과가 나왔다. 10대들의 유튜브 사용 시간은 카카오톡, 페이스북, 네이버 등을 합친 것보다 많다. 현재 유튜브에 로그인하는 전 세계 사용자는 한 달 평균 약 18억 명이다.

신천지는 약 2만 4천 명의 구독자를 보유한 채널을 운영하며 800개가 넘는 영상을 게재했다. 기쁜소식선교회(박옥수 구원파)의 GoodNewsTV는 구독자가 5천 명대로 많은 편은 아니지만, 약 3천 개의 영상을 게재해 놓았다. 안식교와 유사한 주장을 하며 불건전한 종말론을 설파하는 SOSTV(강병국)는 약 4만 3천 명의 구독자를 보유한 채널을 운영한다. 이들은 1800여 개의 영상을 게재했는데, 누적 조회 수가 무려 2천만을 넘었다.

킹제임스성경 유일주의를 주장하는 사랑침례교회(정동수 목사)는 2만 4천 명대의 구독자를 보유하며 2천 개가 넘는 영상을 업로드했다. 누적 조회 수는 1100만을 넘어섰다.

한편, 유튜브에서 '기독교'를 검색하면, 중국에 여그리스도가 재림했다며 한국으로 넘어온 전능하신하나님교회(동방번개)가 제작한 영상이 가장 상위에 세 개나 노출된다. 이외에 교단에서 공식적인 결의는 없지만 불건전한 주장을 하는 개인이나 군소 단체들이 유튜브를 이용해 영향력을 끼치고 있다.

팟캐스트는 2000년대 초반에 시작되어 현재는 라디오를 대체하는 수준에 이르렀다. 누구나, 아무 주제로, 자유롭게 방송을 할 수 있다는 점에서 진입 장벽이 낮다. 약 1만 2천 개의 방송이 유통되는 대표적인 팟캐스트 채널 '팟빵'의 경우 종교 카테고리의 상위권에 이단과 타 종교가 자리 잡고 있다.

이단의 도서와 출판물은 기독교 서점과 유명 도서전에서도 마주칠 수 있다. 뉴 미디어에 집중한다고 올드 미디어를 등한시할 이단 사이비가 아니다. 도서와 출판물을 꾸준히 발행하고 배포한다.

자신을 마인드 강사로 이미지를 세탁한 박옥수 씨의 마인드 관련 책자들을 대형서점에서 심심치 않게 볼 수 있다. 이단들의 도서는 유명 도서전에서도 눈에 띈다. 한국 출판의 세계화와 출판 산업의 경쟁력 강화 등을 목표로 매년 열리는 서울국제도서전에서는 그간 만민

중앙교회 이재록, 지구를 창조한 외계인 엘로힘을 만났다고 주장하며 프랑스에서 시작된 라엘리안 무브먼트의 책들을 접할 수 있었다.

심지어 이단들의 책이 온·오프라인 기독교 서점에서 판매되기도 한다. 지방 교회의 출판사인 한국복음서원의 책들은 생명의말씀사는 물론 몇몇 기독교 서점에서도 쉽게 볼 수 있다.

방금 나열한 사례는 빙산의 일각이다. 이단 사이비 혹은 불건전 단체나 개인이 만들어 놓은 수십만, 수백만 개의 콘텐츠에 비해 건전한 개신교 콘텐츠가 절대적으로 부족하다. 문화 사역, 미디어 사역이 대부분 CCM이나 공연 등에 치중해 있는 것도 현실이다. 젊은 세대들이 미디어 사역의 중요성을 알고 뛰어들지만 금세 한계를 느끼거나 신학적 깊이를 더하지 못하고 있다.

성도들 스스로가 분별력을 기르는 것이 가장 중요하겠지만, 각종 포털 사이트 및 SNS에 자주 혹은 상위에 노출될 수 있는 콘텐츠를 개발하도록 미디어 사역자들을 위한 한국 교계의 인적, 재정적 지원이 절실히 필요하다.

이단 사이비가 만들어 놓은 콘텐츠가 즐비한 시대에 바른미디어는 어떤 콘텐츠를 만들 것인가를 고민하기 시작했다. 교계를 돌아보면 여전히 텍스트에 얽매여 있다. 여전히 흑백 잡지를 만드는 곳도 있다. 소장 가치와 상징성 때문에 흑백 잡지를 포기하지 못한다면, 잡지를 조력으로 두고 주력이 되는 콘텐츠를 만들어야 한다. 정보를 독자에게 극대화하여 전달할 방법이 하루가 멀다 하고 바뀌는 시대인데,

교계는 여전히 텍스트 기사를 벗어나지 못하고 있다. 그마저도 진부하고 재미없고 시대에 뒤떨어진 기사가 대부분이다.

물론 텍스트 기사는 중요하고 여전히 필요하다. 정보를 지나치게 가볍게 접하는 시대라 사람들이 생각할 능력을 잃어버리고 있다. 바른미디어는 두 마리 토끼를 모두 잡을 계획으로 콘텐츠를 기획하고 있다. 텍스트 기사와 무게감 있는 기사는 계속 생산하는 동시에 독자들에게 다양한 방식으로 정보를 전달하고 있다.

카드뉴스, 인포그래픽, 교수 영상, 이단 사이비 관련 영상 등을 동시에 제작하기 시작했다. 카드뉴스와 인포그래픽 콘텐츠는 SNS에서 수백 회(어떤 콘텐츠는 1천 회 이상) 공유되며 바른미디어 이름을 알리는 데 일등 공신이 되고 있다.

한컷뉴우스, 한컷인물교회사, 한컷기독교핵심용어 등 짧고 간결하지만 지적 호기심을 자극하는 포인트를 넣어 콘텐츠를 제공한다. 바른미디어 기사의 일부를 요약한 오프라인 매체 바른미디어 MESSAGE도 연 10회 발행해 전국에 약 1만 부를 지속해서 배포해 왔다. 한국 이단 사이비 단체의 활발한 해외 진출로 인해 번역된 자료가 필요해 영어, 중국어, 일본어로 정리된 자료를 만들어 전 세계에 무료로 배포했다.

이단 사이비를 다루는 언론사 중에 카드뉴스, 인포그래픽, 두세 가지 콘셉트의 영상, 오프라인 매체를 동시에 만드는 언론사는 바른미디어가 유일하다. 바른미디어의 콘텐츠를 이름만 들으면 다 아는 기독교 언론사들이 주기적으로 가져다 쓰는 상황이다. 바른미디어는 인력과 재정적인 측면에서 볼 때 한국 교계에서 가장 작은 언론사 중 하나다. 하지만 이단 사이비를 다루는 언론사를 넘어 넓게 보아도 콘텐츠의 다양함에서는 그 어떤 언론사에 뒤지지 않는다고 자부한다. 모든 자료는 무료인 섬도 말이다. 오늘도 비론미디어는 급변하는 시대에 콘텐츠를 어떻게 변화시키고 발전시킬지 여전히 고민 중이다.

Next 세대 Ministry 사역

이단 사역자들은 이단 사역자들끼리만 모이고 그마저도 견해 차이로 다툼과 분열이 일어나곤 한다. 청소년 사역자나 청년 사역자들의 모임에 실질적으로 협력하는 이단 사역자는 없다. 나는 세 가지 이유에서 연합사역에 대한 갈증이 있었다.

첫째, 다소 보편적이지 않은 이단 사이비 사역을 한국 교회의 도마 위에 올려놓고 싶었다. 한국 교회가 이단으로 인해 극심한 피해를 입었음에도 이단 사이비에 무관심한 이유는 이단 사역에 대한 이해의 부족이라고 판단했다. 다양한 사역자들을 만나 이단 사이비 사역이 단순히 교리를 비판하는 것이 아님을 이해시키고 연합이 필요하고 연합할 수 있는 사역임을 알리고 싶었다.

둘째, 다양한 사역자들과의 교류로 나 자신을 돌아보고 도전 받는 기회를 가지고 싶었다. 고인 물은 썩는다. 시대와 사역을 바라보는 눈을 넓히고 다양한 사역에 대한 이해를 도모함으로써 스스로에게 자극을 주고 싶었다.

셋째, 한국 교회의 사역 방향이 연합사역으로 가야 한다고 생각했다. 우리는 주님의 몸을 이루는 영적 유기체다. 한국 교회의 현실은 점차 영적 유기체는 사라지고 지역 교회만 남고 있다. 내가 이단 사역을 소중하게 생각하는 만큼 이 땅에는 하나님께서 맡기신 소중한 사역이 많다. 하지만 아무리 좋은 사역도 혼자서는 할 수 없다. 연합해야 한다. 연합은 여러 사역을 함께 극대화할 수 있는 가장 좋은 장치다.

이렇게 세 가지 이유에서 연합사역을 하고 싶다는 마음을 품었다. 아직 30대 중반에 불과하지만 20~30년 뒤를 생각했을 때, 다음 세대 이단 사역자들이 고립되지 않는 환경을 만들고 싶다고 기도했다.

그 일환으로 'Next 세대 Ministry' 사역에 동참하고 있다. 한국에는 청소년 사역자들의 모임은 많지만, 청년 사역자들의 연합은 눈에 띄지 않는다. 다음 세대를 고민하며 현장을 뛰는 젊은 사역자들을 위한 강의도 매우 드물다.

Next 세대 Ministry는 몇 가지 사역을 중심으로 한국 교회와 다음 세대를 섬길 예정이다. 먼저 각종 다양한 세미나를 개최한다. Next 세대 Ministry의 최대 장점은 구성원 각자의 전문 영역이 뚜렷하다는 점이다. 실제적이고 영향력 있는 부흥을 여러 차례 경험한 사역자를 비롯해서 가정폭력 상담, 탈선 청소년 및 대안학교 전문 사역, 찬양 사역, 청년 대상 개척교회 목회, 이단 사이비 사역, 탁월한 영어 능력, 대형 교회 교육 디렉터 등 20명 가까운 전문 강사들이 이 사역에 동참해 다양한 주제로 세미나를 개최하고 있다.

추후 신학교수를 비롯해 다양한 분야의 전문가들을 초청해 교역자와 다음 세대 섬김이들에게 필요한 양질의 세미나를 지속해서 제공할 예정이다.

Next 세대 Ministry의 사역자들은 강사비를 받지 않고 자비량으로 감당한다. 캠프와 비전트립 참석자들은 각자 실비를 부담해야 하지만 이윤을 남기지 않는다. Next 세대 Ministry 세미나의 경우 최소한의 회비만 받고 책을 주고 식사를 대접한다. 섬기기 위해서다. 퍼주기 위해서다. 섬김을 받은 사람은 또 다른 사람을 섬기면 된다. 그렇게 서로서로 섬길 때 한국 교회가 살아난다. Next 세대 Ministry 사역을 통해 일하실 하나님을 기대한다.

혹자는 나의 전투력과 열정이 부럽다고 말한다. 바른미디어 하나만 해도 버거운데, 어떻게 소송, 연합사역 심지어 교회 사역까지 감당하는지 궁금하다고 한다. 여기에 한 아내의 남편이자 두 아이의 아빠 역할도 어떤 사역보다 중요하게 감당해야 한다. 단언컨대 나에겐 남들에게 없는 특별한 지혜가 있지 않다. 나는 똑똑한 사람도 지식이 넘치는 사람도 아니다. 다만 이 사역을 감당하기 위해 체력과 영력, 살력을 키우는 일을 게을리하지 않는다. 아직 더 배우고, 성숙해야 할

부분이 많다. 더 노력하여 주님이 맡겨 주신 양 무리를 돌보고, 조국 교회를 위해 성실히 뛰고 싶다. 조국 교회를 생각할 때 뛰는 가슴을 주셔서 감사하다.

폭력으로 상처받은 아이들 품기

이상준 목사

강촌 역동적인교회 담임
그리스도의교회 교역자협의회 교육국장
공저『중독 A to Z』외 다수

"그러므로 믿음은 들음에서 나며 들음은
그리스도의 말씀으로 말미암았느니라"

로마서 10:17

4

사람은 변한다

"주 예수를 믿으라 그리하면 너와 네 집이 구원을 받으리라"(사도행전 16:31).

2012년 4월 대학원을 다니는 동안 청년들이 모이게 되어 강서구 화곡동에 '움직이는교회'를 개척했다. 개척을 피하고 싶은 마음도 있었으나, 교회와 신학교에서 배운 내용을 적용해 보고 싶었다. 돈도 없었지만 금식하며 기도하고 믿음으로 개척했다. 처음 예배는 대학에서 가까운 산속에서 드렸다. 반원형의 노천강당에서 아무것도 없이 예배를 드렸는데 6개월이 지나자 30명 정도가 모이게 됐다. 노천에서 예배드리니 이스라엘 백성들 생각도 나고 정말 좋았지만, 자매들이 벌

레가 나타나면 기겁을 했다. 그리고 비가 오는 날엔 곤란했다.

지금 생각해 보면 정말 행복했던 시절이다. 아무것도 없다 보니 하나님의 은혜가 간절하지 않은 날이 없었다. 정해진 예배 장소 없이 떠돌며 예배드리다가 개척 후 2년 만에 상가 2층을 얻었다. 집은 강원도 춘천이고 교회는 강서구 화곡동이다 보니 상가를 얻은 후 5년간은 예배당에서 지내며 기도하고 전도를 나갔다. 건물이 오래되어 한겨울이면 예배당의 온도가 영하로 뚝 떨어졌다. 자고 일어나면 얼굴이 붓고 빨개서 마치 낮술 마신 사람 같았다.

나에게 교회 개척은 군대를 여러 번 다시 가는 느낌이었고 특히 혹한기 훈련을 받는 느낌이었다. 그나마 군대는 먹여 주고 입혀 주고 체력 관리도 해주지만 교회 개척은 어느 것 하나 손을 벌릴 수 없는, 그래서 내내 춥기만 했다.

어렵고 힘든 상황을 겪다 보니 내적으로든 외적으로든 많은 변화가 일어났다. 외적으로는 머리카락이 많이 빠져서 청년들과 축구 경기를 하면 룬히(영국의 축구선수 웨인 루니를 한글로 표현)라고 놀림을 받았다. 성격은 목이 곧은 인간에서 연체동물처럼 변했다. 한 영혼이라도 건져 내기 위해선 내가 변해야 했고, 교회를 세우기 위해 필요한 일이라면 자존심을 버려야 했다. 청년들이 거칠게 반항할 때는 스트레스로 눈 흰자가 터져 빨개지기도 했다. 그렇게 여러 상황에 부딪히고 도전하던 중 어느 날부턴가 마음이 평안해지기 시작했다. 개척 멤버 없이 시작하여 수백 명의 청년이 들고 나는 동안 '사람은 변하는가?'를 묻게 되었다. 그리고 마침내 답을 얻었다.

"사람은 변한다!"

복음은 사람을 변화시킨다. 예수님을 만나면 변한다! 적어도 두 가지 변화는 확실하다. 첫째, '예수님이 내 안에 거하시고 내가 예수님 안에 거하는 것.' 즉 예수님의 성품을 닮아 가는 '전인격적 변화'다.

둘째, 내가 중요하게 생각하고 소중히 여기던 것이 완전히 바뀌는 '가치 혁명적인 변화'다. 예수님을 만나고 변화되었는가? 말과 행동을 보면 그 뿌리를 알 수 있다. 우리의 생각과 마음은 말과 행동 등으로 드러나게 되어 있다.

상처로 만들어진 죄된 성품 : 신뢰하지 못함

시기와 질투, 욕심, 음란, 외로움, 두려움, 불안 등 자기 생각과 행동으로 인해 고통을 받던 사람이 두 시간가량의 경배와 찬양을 드린 뒤 눈물을 흘리며 자신은 변화되었다고 고백할 때가 있다. 그런데 우리는 이미 경험하지 않았는가? 예배당을 나가자마자 아니, 시간을 좀 넉넉하게 드리겠다. 일주일 정도 후에, 여전히 똑같은 죄를 짓고 괴로워하는 자신을 만나게 된다는 것을.

만약 두 시간 정도의 경배와 찬양을 통해 '변했다'고 생각한다면 가까운 주위 사람들에게 물어보라. 그들이 당신에게 '살롬'이 임했는지 정확하게 답변해 줄 것이다.

진짜 변하려면 어떻게 해야 할까? 답은 '믿음'이다.

그런데 많은 모태신앙인과 가나안 청년들에게서 듣는 이야기가 하나님이 안 믿어진다는 것이다. 왜 그럴까? 나는 삶이 무너진 한 영혼 한 영혼을 깊이 만나면서 '왜 믿어지지 않는 것일까?' 하는 의문에 사로잡혔다.

주일이면 교회에 나가 예배드리는 사람들은 하나님을 잘 믿고 있을까? 주일예배를 드리고 교회를 위해 봉사하고 헌신하고 있으니 신앙생활에 문제가 없다고 스스로 믿는 사람들이 참 많다. 하지만 그들의 삶을 들여다보면 하나님이 믿어지지 않는 사람들의 삶처럼 무너져 있다.

한 가지 물어보자. 지금 누리고 있는 삶의 환경이 사라진다고 했을 때-그것이 부일 수도 있고 권력일 수도 있고 인간관계 의존일 수도 있다-그랬을 때 당신은 과연 평안함을 유지할 수 있는가? 과연 믿음은 무엇일까? 우리가 믿는 이유는 무엇일까? 그 목적은 무엇일까? 과연 당신은 믿음의 사람인가?

하나님이 믿어지지 않는다는 청년들에게 누군가 이런 말을 했다. "신이 존재하는 것을 우리가 증명할 수 없으니 일단 한번 믿어 봐."

처음 개척을 할 때 30년 목회를 계획하고 시작했다. 하지만 아무것도 계획대로 되지 않았다. 개척 멤버 없이 시작한 교회는 7년 동안 약 500명의 청년들이 들고났다. 그런데 이상한 것은, 청년들은 가르치면 말을 듣지 않고 성질을 내거나 울었다. 심지어 나와 교회에 대해 오해하고 교회를 나간 뒤 욕을 하고 다니기도 했다.

그렇게 시간이 흐른 뒤 어느 날 우리 교회 청년들 중에 가정폭력을 경험한 이들이 많다는 걸 알았다. 하나님께서 내가 이들을 품어 주기를 바라셨다는 걸 그제야 알았다. 감사한 것은 저와 함께한 청년들은 절대 가면을 쓰지 않는다는 것이다. 느끼는 대로 감정을 표현하고 말하고 행동했다.

그렇게 오랫동안 청년들과 함께하면서 개발된 것이 있다. 굳이 말하지 않아도 그 사람 내면 깊숙이 감춰진 것들을 읽는 눈이 생겼다는 것이다.

청년들은 특히 자신의 부모에 대해서 속내를 털어놓곤 했다. 그중에서도 아버지 이야기가 가장 많았다. 그때 깨달은 것이, 가정은 사람이 태어나서 경험하는 '최초의 공동체'이자 '최초의 하나님 나라'라는 것이다. 그리고 그 '하나님 나라'가 깨지면 하나님을 믿기가 정말 어렵다는 것이다. 그때부터 내 화두는 '어떻게 하면 이들이 하나님을 믿게 할 수 있을까?'가 되었다.

이 땅에서 경험하는 최초의 하나님 나라 : 가정

아이들은 가정에서 부모로부터 신뢰와 무조건적인 사랑을 경험한다. 반면에 부모가 싸움이 잦거나 이혼을 한 경우, 아이들은 불안, 분노와 같은 부정적인 감정을 경험하게 된다. 이 부정적인 감정은 부모는 물론 타인을 신뢰하지 못하게 만듦으로써 관계에 왜곡을 가져온다. 아이들이 타인과 관계하는 법을 배우는 대상이 바로 부모이기 때문이다.

EBS-TV "세상에 나쁜 개는 없다"에서 투견 이야기를 다룬 적이 있다. 투견은 새끼 때부터 공격성 강화 훈련을 받는다. 다른 강아지가 싸울 의사가 전혀 없는데도 가서 물고 숨통을 끊어 놓는다. 그렇게 훈련된 투견이 싸움에서 지면 안락사를 시킨다. 이를 불쌍하게 여긴 어떤 사람이 투견을 가정에 데려와 치료하고 키우기로 했다. 투견이 회복된 후에 집에서 기르던 다른 강아지들과 어울리도록 했더니 투견이 여지없이 공격성을 보였다. 다른 강아지들이 친근한 몸짓을 보내는데도 투견은 그것을 공격을 위한 몸짓으로 해석하고 덤벼들었다. 전문가들은 투견을 집에서 기르는 것이 불가능하다는 결론을 내렸다.

부모가 부부싸움 하는 것을 오랫동안 보고 자란 자녀는 어떨까? 혹자는 부부싸움은 자녀들에게 전쟁을 경험하는 충격을 준다고 말했다. 이런 충격에 오래 노출되었던 아이들이 누군가를 마음으로 공감하는 일은 정말 어렵다. 반면에 자극적인 상황과 놀이에 적극 반응하기 쉽다. 그래서 여행이나 약물, 술, 포르노 등의 중독에 빠지기 쉽다. 무기력하거나 잠을 많이 자면서 현실을 회피하기도 한다. 누군가와 처음 사랑에 빠졌을 때는 괜찮지만 흔히 말하는 사랑의 유효 기간이 끝나고 나면 부모의 소통 방법을 답습하는 경우가 많다.

사람과 사람이 만나는 일은 문화와 문화가 만나는 일이다. 똑같은 한글을 쓴다고 같은 언어, 같은 문화를 갖고 있는 것은 아니다. 배우자와 잘 지내기 위해서는 그 사람의 성장 과정과 환경, 그 집안의 문화, 부모, 형제들과의 관계까지 봐야 배우자에 대해서 이해하고 소통을 원활하게 할 수 있다. 결국 많은 부부가 소통의 부재 혹은 왜곡 때문에 이혼하게 된다.

그렇다면 한번 생각해 보자. 나는 하나님과 잘 소통하고 있는가? 교회는 종교행사를 위해 오는 곳이 아니다. 참 진리이신 예수 그리스도를 만나면 나의 마음 가운데 '샬롬'이 임한다. 자신이 믿음 안에 있는지 이것을 보면 알 수 있다.

나를 제대로 알려면 상담이 필요하다. 상담을 통해 자신이 어떤 행동을 많이 하고 사람 간의 관계에서 잘못하는 것은 무엇인지 이해해야 한다. 자신을 아는 것은 믿음에도 영향을 미친다. 나를 이해할 때 하나님과 소통할 수 있고, 그럴 때 믿음이 자라게 된다. 그리고 믿음은 이 땅에서 하나님 나라를 누리며 살게 해준다.

하나님이 믿어지지 않는가? 그 이유가 무엇인가? 실제적인 사례를 통해 자신을 점검해 보자.

아버지 경험이 왜곡된 경우

아버지가 알코올 중독이거나 도박 중독 또는 바람을 피웠거나 도

망갔을 경우 아이들은 이 경험을 권위자나 형제, 배우자에게 투영하게 된다. 부모가 일찍 이혼하여 자녀가 아버지를 경험하지 못한 경우, 오랫동안 교회를 다니고 제자훈련을 받아도 하나님을 잘 모르겠다고 할 가능성이 높다. 자기 안에 아버지상이 없으므로 하나님 아버지를 이해할 수 없는 것이다.

알코올 중독자인 아버지가 어머니를 때리더니 말리는 누나까지 때리고 칼로 찌르는 것을 본 아이가 성장해서 힘이 생기면 그 분노를 표출한다. 표출 대상은 힘이 있는 남자, 권위를 가진 사람이다. 그래서 화가 나는 이유도 모른 채 남자 어른 특히 어느 조직에서든 권위를 가진 사람을 신뢰하지 못하고 공격한다. 보통 상대 남성의 성품이 쓰레기라며 자신이 화를 내는 정당성을 피력한다. 그런데 성품을 평가하는 기준이 지극히 주관적이다. 본인에게 좋으면 좋은 사람, 싫으면 쓰레기가 된다. 그렇기에 목회자는 이런 류의 성도가 하는 평가에 예민하게 신경 쓰고 자괴감에 빠질 필요가 없다. 성장 과정에서 쌓인 분노를 목회자에게 푸는 경우가 많기 때문이다.

하루는 한 청년과 상담을 했다. 모태신앙인 청년인데 아버지가 여러 번 바뀐 경험이 있어서 남자를 신뢰하지 못했다. 권위자를 인정하지 않았고 다정한 중년 커플을 보면 불륜이라고 단정했다. 이 청년은 아직 하나님을 믿지 못한다.

부모에게서 방치된 경우

정신분석학에서 아버지는 '훈육과 보호 기능'을 갖고 어머니는 '양육 기능'을 가진다고 말한다. 부모의 케어가 없었다는 것은 자라는 동안 자기 마음대로 생각하고 생활했음을 의미한다. 이런 사람은 먹고 싶은 것만 먹고, 자고 싶을 때 자며, 스마트폰과 PC 등 자극적인 환경에 오래 노출되었을 가능성이 크다. 그럴 경우, 사고능력이 상당히 떨어지고, 사고하더라도 기준이 없기 때문에 틀린 이야기를 할 때가 많다. 거기다 충족되지 않은 욕구를 상상으로 해소하는 경향이 있어서 망상(왜곡된 시야)에 빠지거나 손쉽게 욕구불만을 해결하기 위해 자위를 많이 하게 된다.

자녀의 모든 행동은 부모에게 사랑받고 인정받고 칭찬받고 싶은 욕구에서 출발한다. 그런데 부모가 자녀의 욕구에 적절하게 반응해 주지 못하고, 오히려 자녀가 문제를 일으킬 때만 혼내면서 관심과 반응을 보이면, 아이들은 그 관심을 좋은 관심, 사랑으로 받아들여 혼날 일을 계속하는 경우가 많다.

가정폭력에 오래 노출된 경우와 아버지의 훈육이 없었던 경우

아버지가 가정에서 오랫동안 폭력을 행사했을 경우, 권위자의 가르침을 잘 따르지 않고 화를 많이 내며 하나님을 믿지 못하는 상태가 오래 지속되는 경향이 있다.

전도사 때의 일이다. 주일 낮 예배의 찬양 인도를 하고 예배가 끝난 뒤 정리를 하고 있었다. 성가대에 있던 여자 청년이 무표정한 얼굴로 내게 밖으로 나오라고 했다. 밖으로 나갔더니 대뜸 하는 말이 "왜 찬양을 인도하면서 나를 째려봤죠?" 하며 화를 내는 것이었다. 물론 내 눈이 째진 편이라 오해받을 수도 있지만 설마 찬양을 인도하며 그 청년을 째려봤겠는가. 나중에 청년의 성장 과정을 듣고 보니 청년의 이 같은 반응이 이해되었다. 아버지한테 많이 맞고 자란 상처로 인해 상황을 자꾸 왜곡시키고 있었던 것이다.

한 여자 청년은 남녀가 단 둘이 만나면 안 된다고 주문처럼 외우고 다녔다. 그런데 정작 자신은 남자친구와 동거하고 있었다. 남자친구의 취업을 위해 뒷바라지까지 하면서. 이 경우 상당수의 남자는 취업하고 나서 여자를 떠난다. 안타깝게도 이 여자 청년은 아버지가 바람을 피운 뒤 가정을 버린 환경에서 자랐다.

예외인 경우도 있다. 어떤 자매는 아버지로부터 사랑은 많이 받았지만 훈육이 없었던 탓에 권위적인 남편과 관계가 좋지 않았고 목사의 가르침에 잘 따르지 않았다. 횃불트리니티대학의 이기복 교수는 부모에게 엎드려 본 경험이 없는 아이는 하나님에게도 엎드리지 않는다고 했는데, 나도 전적으로 동의한다. 아버지로부터 훈육받아 본 경험이 없는 사람은 하나님을 믿기가 어렵다. 그래서 하나님은 교회 공동체를 만들어서 가르치고 보듬게 하셨나 보다.

무서운 방어기제

여러 성장 과정, 상황과 환경에 따라 보이는 반응들이 있는데 나의 경험, 목회자로서의 관점에서 본 상처의 정의는 이렇다.

'상처는 열등감을 만들고 열등감은 죄된(아픈) 습성들을 낳아 자신만을 사랑하여 타인의 고통은 보지 못하고 나보다 남을 낮게 여기는 것.'

상처는 상황과 현실을 심각하게 왜곡해 다른 사람과 정상적인 관계를 맺지 못하게 만든다. 결국 자신을 망가뜨리는 상황까지 가기도 한다.

『대인관계 심리학』(김원경)을 보면, 사람은 성장기에 체득된 것들로 인해 불안이나 심리적인 위협이 다가올 때, 그것을 직면하기보다 그것에서 벗어나 자신을 보호하려는 심리적 방어 전략을 사용한다고 말한다. 프로이트 정신분석에서 이것을 '방어기제'라고 한다. '방어기제'는 관계에서 불편한 상황이나 심리적으로 불안한 상황에 적절히 대처할 수 없을 때 사용하는 도피 전략이다. 쉽게 말하면 꼼수, 거짓으로 상황을 모면하는 방법이라고 할 수 있다.

일시적으로는 자신을 보호하고 안정감을 주지만 이 방어기제를 계속 사용하면 일상생활, 특히 관계에 부적응적인 행동과 사고를 낳게 된다. 처음엔 상황을 왜곡하다가 나중엔 그 거짓을 진짜라고 믿게 되는 망상이나 정신병으로 발전하기도 한다.

스위스의 심리학자 오이겐 블로일러(E. Bleuler)는 이런 현상의 가장 근본적인 원인을 연상의 장애라고 보았다. 정신분열병에서는 중심사고(unifying idea)가 없기 때문에 환자의 사고는 주변의 사소한 자극으로 인한 연상들에 의해 침범당하게 된다. 환자의 연상들은 아무리 사소한 자극이라도 모두 다 동등한 가치를 갖기 때문에, 중심사고와 주변사고가 서로 어울려 축약(condensation), 전위(displacement), 상징화(symbolism) 등의 비논리적 과정을 거쳐 사고 형태가 점차 모호해진다는 것이다.

어린 시절 힘이 없을 때 자신을 보호하기 위해 사용하던 '방어기제'를 지닌 상태에서 기준을 제시하는 부모에게 문제가 생겨 신뢰할 수 없게 되었을 때, 생각이 폭주하게 된다. 사고에 경계가 없어짐으로써 자기 생각이 모든 것에 대한 기준이 되는 것이다.

성장하면서 받은 상처들, 예를 들어 가정에서 20년을 맞고 자랐다면 20년 이상, 아니 죽을 때까지 그 영향을 받게 된다. 과거의 불행한 경험이 현재를 지배하는 것이다.

오랫동안 교회를 다닌 청년이 있다. 청년은 스스로 나 정도면 괜찮은 신앙인이라고 생각했다. 이 청년의 고유 기질은 강하고 자기주관이 뚜렷한 것이었다. 그런데 학교 친구들로부터 괴롭힘을 많이 당하면서 가면을 쓰기 시작했다. 어렸을 때의 힘은 부모의 지지에서 나오는데 불행히도 이 청년에겐 자신을 지지해 줄 부모가 없었다. 청년은 생존을 위해 착한 아이라는 가면을 썼다. 자신의 고유한 기질대로 하면 친구들이 상대해 주지 않을 것 같으니까 착한 아이가 되기로 한 것이다. 이 가면을 쓰고 청년은 자신이 힘이 없는 동안 자신을 보호했다.

그런데 나이가 들어 직장생활을 하면서 돈도 생기고 힘도 생기니까 자신의 가면을 순간순간 벗게 되었다. 그때마다 주변 사람은 물론 자신도 매우 혼란스러웠다. 오랫동안 가면 속에 숨겨 둔 자신의 기질이 드러날 때면 친구들이나 회사 동료들과 부딪치게 되었고 때로 다툼으로 번지기도 했다.

청년은 오랫동안 예수를 믿었다. 하지만 이 청년에게서 '전인격적인 변화'와 '가치 혁명적인 변화'는 찾아볼 수가 없다.

착한 아이로 살 수밖에 없던 아이가 나이를 먹고 힘이 생기니까 입으로는 예수를 이야기하고 은혜를 이야기하는데, 그의 삶은 어려서 억누른 욕구를 풀기에 바빴다. 일종의 한풀이를 하고 있었다. 죄책감이 들어도 합리화하면서 자신의 탐욕을 채우기에 급급했다.

내 모습 그대로 예수님을 만나는 것이 아니라 가면을 쓰고 예수님을 만나면 예수님과 인격적으로 만나지 못하고 변화되지 못한다. 마치 부자 청년이 예수님을 만났지만 변하지 못한 것처럼 말이다. 그렇기 때문에 나를 알아야 한다.

그렇다면 믿음의 공동체는 이 청년들에게 무엇을 할 수 있는가? 믿음의 공동체는 죄로 가득한 나의 모습을 발견해 주고 다시 옛사람의 습관으로 돌아가지 못하도록 훈련하는 곳이다. 자신을 포장하지 않고 내려놓는 연습을 하는 곳이다. 그 연습을 끝냈을 때, 문제가 해결되고 진정한 자유를 얻게 된다. 움직이는교회는 그래서 청년들에게 말씀뿐만 아니라 현실적인 치료와 필요를 채워 주고 있다.

첫째, 상담소 두 곳을 연계하여 청년들이 원하면 개인 상담과 집단 상담을 언제든지 받을 수 있도록 했다. 그리고 1년에 두 차례 은평가정폭력상담소에서 진행하는 상담캠프에 참여하여 가정에서 받은 상처를 실제로 치료받도록 하고 있다. 이 프로그램에 참여한 청년들은 자신을 많이 돌아보고 자신에게 문제가 있음을 깨달아 변하려고 노력했다.

둘째, '건강한 정신은 건강한 육체에서, 건강한 믿음도 건강한 육체에서'라는 슬로건을 내걸고 체육관과 연계해 청년들이 꾸준하고 저렴하게 운동할 수 있도록 했다.

셋째, 청년들이 부모와 여행을 다니거나 재미있게 논 좋은 기억이 많이 없다는 것을 알고, 여름과 겨울에 회비 없이 여행을 하고 있다. 여행하면서 알게 된 사실은, 청년들이 낯선 장소에 가면 잘 놀지도 못하거니와 적응하는 데 시간이 걸린다는 것이다. 그리고 좋았다는 표현보다는 낯선 경험에 대한 불편함을 이야기하는 청년들이 많았다.

넷째, 부모의 잦은 부부싸움으로 독립을 원하는 청년들을 위해 학사관을 만들었다. 부동산을 돌아다니며 발품을 팔아 살 만한 집을 계약했는데, 이곳에 입주한 청년들이 행복하고 평안하다고 말하고 있다.

다섯째, 부모의 지원이 전혀 없는 청년들은 경제적으로 쪼들릴 수밖에 없다. 아르바이트를 해도 월세 내고 식비 내고 전공서적 구입하고 나면 손에 남는 게 없다. 이 청년들이 사회에 나갈 준비를 적게나마 돕고자, 한빛자동차운전면허 학원과 협약하여 1년에 4명 정도 운전면허를 취득할 수 있도록 하고 있다.

그리고 강원도 춘천에 숙소 가능한 교회를 하나 더 개척하여 자연에서의 치유도 경험하게 하려고 한다. 이처럼 청년들의 현실적 필요를 채워 주려 노력하지만, 앞서 언급한 권위자에 대한 부정적인 경험은 쉽게 회복되지 않는다. 그럼에도 우리 교회가 진행하는 프로그램들이 청년들의 굳은 마음을 옥토로 바꾸는 일에 쓰임이 될 줄로 믿고 진행하고 있다.

믿음은 과정이 필요하다

"모세를 믿었더라면 또 나를 믿었으리니 이는 그가 내게 대하여 기록하였음이라 그러나 그의 글도 믿지 아니하거든 어찌 내 말을 믿겠느냐 하시니라"(요한복음 5:46-47).

움직이는교회 개척 초기에 어린 시절 아버지에게 많이 맞고 자란 한 청년이 예배 시간이나 교회 활동 시간에 분노를 많이 표출했다. 음란하고 정서적으로 굉장히 불안한 상태였다. 나는 예전 교회에서 했던 것처럼 팀을 만들고 임원을 세우고 제자훈련을 했다. 청년은 제자

훈련을 할 때도 교회 활동을 할 때도 상담을 할 때도 분노를 터뜨리거나 울음을 터뜨리곤 했다. 많이 당황스러웠다. 그러나 지금은 상처가 심한 사람에게는 교육이 먼저가 아니라 관계가 먼저라는 사실을 알고 있다.

먼저 제자가 된 우리가 해야 할 일은 말씀을 가르치는 사람을 신뢰할 수 있도록 만드는 것이다. 가르침만으로 하나님을 믿게 할 수 없다. 먼저 제자 된 목사와 좋은 관계를 맺어야 한다. 그래서 나는 말보다 행동으로 보여 주는 사람이 되어야 했다. 정직하게 사랑하고, 헌신적이며, 맛있는 것도 사 주면서 이야기를 들어주었다. 물론 사람이 변하는 데 걸리는 시간은 알 수가 없다.

개척하고 3년 정도 지났을 때 한 청년이 찾아와서 봉투 하나를 내밀며 말했다. 가족도 자신을 포기했는데 목사님이 다 받아 주셨다고, 앞으로는 가르치는 대로 잘 따르겠다고. 그의 말대로 청년은 이후 가르치는 대로 잘 따르고 교회 동생들에게 밥도 잘 사 주며 교회 안에서 변화된 모습을 보여 줬다. 지금은 교회 동생의 소개를 받아 결혼해서 아기도 낳고 신앙생활도 열심히 하며 잘 살고 있다.

처음엔 사람이 어떻게 변하는지 몰랐는데 이제는 안다. 먼저 제자된, 눈앞에 보이는 사람이 행하는 모습을 통해 보이지 않는 하나님을 믿게 된다. 그 청년이 그랬던 것처럼 말이다. 개척교회에선 한 영혼, 한 영혼이 귀하지만 너무 많은 에너지를 한 사람에게만 쏟아부으면 다른 성도들이 떠난다. 그러나 나는 한 영혼에 집중했고 그 청년의 삶이 변화되는 것을 보면서 주님이 하시는 게 무엇인지 확실하게 알게 되었다. 분명한 것은 한 영혼이 믿고 변화되기 위해선 나의 마음과 믿음이 더 커져야 한다는 사실이었다.

믿음은 들음에서 난다

"그들과 같이 우리도 복음 전함을 받은 자이나 들은 바 그 말씀이 그들에게 유익하지 못한 것은 듣는 자가 믿음과 결부시키지 아니함이라"(히브리서 4:2).
"그러므로 믿음은 들음에서 나며 들음은 그리스도의 말씀으로 말미암았느니라"(로마서 10:17).

사람은 믿음으로 변화되는데, 변화하기 위해선 들어야 한다. 우리는 잘 듣고 있을까? 복음은 단순한 면이 있다. 듣고 믿기만 하면 된다. 앞에서 성장 과정에서 일어나는 사건의 영향력에 대해서 나누었다. 성장 과정 중에 부모와 잘 소통하지 못했다면, 하나님과는 소통이 잘 이뤄질까? 너희는 먼저 그의 나라와 그의 의를 구하라고 말씀하셨지만, 아마도 많은 사람들이 뭘 좀 달라는 일방적인 기도만 하고 있을 것이다.

3년 전쯤 아내와 있었던 일이다. 아내가 용산역으로 온다고 해서 데리러 갔다. 주차하고 기다리는데 아내가 도착했다는 카톡을 보내고도 20여 분이 지나도록 모습을 나타내지 않았다. 전화로 주차한 곳을 설명했지만 아내는 오랫동안 헤맸다. 순간 결혼생활하면서 겪은 일들이 스쳐 지나가면서 내 머릿속을 강타한 것이 하나 있었다. 결혼 후 아내가 내 이야기를 잘 듣지 않았다는 사실이다.

결혼하고 5년쯤 지났을 때, 아내가 나를 무시한다는 생각이 들었다. 그래서 아내에게 "당신이 나를 무시하는 것 같아"라고 말했다. 그때마다 아내는 자신은 그런 적이 없다며 기분 나빠 했다. 부부싸움도 자주 했고 희한하게도 예배 시간 전이나 예배 준비하러 갈 때 싸워서 마음이 많이 상한 상태로 예배를 인도하게 되었다. 가정은 항상 위기였다.

개척 후 3년 차에 상담 공부를 시작했다. 가정이나 교회가 왜 이렇게 나를 힘들게 하는지 알고 싶었다. 그렇게 공부하던 중 용산역 사건을 계기로 우리 부부 문제가 왜 꼬였는지 알게 되었다. 아내는 진짜로 나를 무시하고 내 말을 잘 듣지 않았던 거였다. 그날 용산역에서 순간적으로, 장인어른과 장모님이 대화하는 모습이 떠올랐다. 장인어른이 무슨 이야기를 하면 장모님이 무시하고 핀잔 주는 장면, 거기다 아내도 함께 장인어른을 무시하는 모습이 스쳐 지나갔다.

아내는 성장하면서 엄마가 아빠를 무시하는 것을 계속 보고 자랐다. 엄마가 무시하다 보니 가족 전체가 아버지 이야기를 잘 듣지 않았고, 무시했다. 그것이 아내의 무의식 속에 학습되어 있었다. 하나님이 기준이 되어 있지 않은 가정은 질서가 깨져 있다.

드디어 아내를 영등포역에서 만난 뒤 차 안에서 대화를 했다.

"당신은 나를 무시하고 내 말을 잘 듣지 않는 거야."

아내는 내가 이상하다는 식으로 몰고 가려 했다. 내가 다시 말했다.

"당신 학창 시절이나 교회에서 남자를 대하는 자세가 어땠어?"

순간 아내는 조용히 생각하더니 더 이상 말을 하지 않았고, 그날 대화는 내가 피해의식이 많은 사람인 것으로 끝이 났다.

그로부터 3일쯤 지났을까, 아내로부터 전화가 왔다. 다짜고짜 펑펑 울면서 내게 미안하다고 말했다. 지난 며칠 동안 생각해 봤는데, 자신이 정말 아버지를 무시하고 남자들을 무시하며 살았다는 걸 깨달았다는 고백이었다. 그러면서 굉장히 괴로워했다. 자신은 45년 동안 A의 모습으로 살았는데 이제 와서 보니 A가 아니라 B였다는 사실 때문이었다. 아내는 예수님을 믿고 변하려 노력했지만, 항상 그때뿐이던 이유가 바로 있는 모습 그대로가 아닌 다른 모습으로 주님 앞에 나아갔기 때문이었음을 알게 되었다.

생각해 보자. 예수님을 믿고 변화한다는 것은 무엇일까? 나는 정말 변화되었을까? 이 변화는 앞에서 이야기한 것처럼 전인격적인 변화이고 그것은 열매를 통해 알 수 있다. 사탄은 속이는 자다. 우리가 하나님의 자녀가 되어 이 땅에서 권능을 가지고 하나님 나라를 누리며 전파하는 것을 싫어한다. 가정폭력을 경험한 청년들과 함께하면서 사탄은 가정을 공격하고 깨트려서 부모의 상, 특히 아버지상을 왜곡시키려 한다는 것을 알게 되었다.

아내도 아버지상이 뒤틀린 탓에 남편인 나와도 평안한 가정을 꾸려 나가기 어려웠다. 그러나 자신이 어떤 사람인 줄 알고 회개의 기도를 드린 후 아내는 정말 많이 평안해졌다. 내가 무슨 말을 하든지 경청하려고 노력했다. 예전엔 예배 때 전한 말씀을 가지고 평가하거나 지적하더니 지금은 말씀이 은혜가 된다고 말한다.

할렐루야! 아내가 변화되니 가정이 화목해지고 부부간에 사랑도 다시 새로워졌다.

누군가의 변화를 원한다면 우선 그 사람이 왜 그런 행동을 하는지에 대한 구조를 관찰하고 읽어 내야 한다. 그다음에 성경적인 사고로 설계도를 그려 주고 기준을 세워 그대로 살아갈 수 있도록 가르치고 그렇게 살도록 함께해 줘야 한다.

교회를 선택할 때 기준은 무엇일까? 우리는 이제 분명히 안다. 예배만으로 사람이 변화되지 않는다는 걸 말이다. 먼저 제자 된 자들과 함께하며 자신의 민낯이 드러나야 한다. 그 순간은 고통스러울지라도 그 시간을 통해 변화되어 참 평안을 누릴 수 있다. 그 자유, 그 평안을 누리면 죄에서 멀어지고 세상을 사랑하지 않게 된다. 아울러 말씀과 기도 그리고 영혼 구원에 힘쓰게 된다.

우리는 사탄이 권세를 잡은 이 땅에서 사는 한 언제든지 하나님의 뜻이 아니라 내 계획, 내 생각, 내 마음대로 하려는 죄인으로 돌아갈 수 있다. 근본적인 변화 없이는 자유로운 삶도 없다. 근본적인 변화를 위해 자신을 들여다봐야 한다. 그리고 먼저 제자 된 사람을 통해 듣고 믿는 훈련을 해야 한다. 믿는 것은 어렵다. 믿어 본 경험이 있어야 믿을 수 있다. 듣고 행해야 믿을 수 있다.

"이는 곧 너희의 하나님 여호와께서 너희에게 가르치라고 명하신 명령과 규례와 법도라 너희가 건너가서 차지할 땅에서 행할 것이니 곧 너와 네 아들과 네 손자들이 평생에 네 하나님 여호와를 경외하며 내가 너희에게 명한 그 모든 규례와 명령을 지키게 하기 위한 것이며 또 네 날을 장구하게 하기 위한 것이라 이스라엘아 듣고 삼가 그것을 행하라 그리하면 네가 복을 받고 네 조상들의 하나님 여호와께서 네게 허락하심 같이 젖과 꿀이 흐르는 땅에서 네가 크게 번성하리라 이스라엘아 들으라 우리 하나님 여호와는 오직 유일한 여호와이시니 너는 마음을 다하고 뜻을 다하고 힘을 다하여 네 하나님 여호와를 사랑하라 오늘 내가 네게 명하는 이 말씀을 너는 마음에 새기고 네 자녀에게 부지런히 가르치며 집에 앉았을 때에든지 길을 갈 때에든지 누워 있을 때에든지 일어날 때에든지 이 말씀을 강론할 것이며 너는 또 그것을 네 손목에 매어 기호를 삼으며 네 미간에 붙여 표로 삼고 또 네 집 문설주와 바깥 문에 기록할지니라"(신명기 6:1-9).

이스라엘 백성에게 들으라고 말씀하신 것처럼 들어 본 경험이 있어야 듣는다. 그렇게 상처 많은 청년들을 기다리고 가르치며 6년가량 지나자 수백 명 중에 몇 명이 듣기 시작했고 전인격적으로 변해 제자가 되었다.

정서적, 정신적인 문제, 어떻게 다뤄야 하나

성장 과정에서 상처를 심각하게 받은 사람, 방치되어 자란 사람, 정신적인 문제들(분노조절장애나 무기력, 불신, 조울증, 우울증, 조현병, 죽고 싶은 마음, 왜곡된 해석)을 가진 사람을 상대하는 방법은 참고 인내하며 그 자리를 지켜 주는 것임을 목회를 통해 알게 되었다. 또한 소아기 때부터 아무한테도 통제받지 않은 채 세계관과 생활문화를 형성해 온 사람에게는 복음을 통해 그것들을 솎아 내는 작업이 필요하다.

그 과정에서 욕을 얻어먹고 심지어 맞을 수도 있다. 하지만 적은 열매라도 열매가 있다는 사실에 감사해야 한다. 때로 나 자신이 너무 무능력해 보이고 비참해서 미칠 것 같더라도 기도하고 또 기도하며 정신을 다잡고 그 자리를 지켜야 한다.

많은 사람이 진단을 내린다. 하지만 이 시대 청년들에겐 진단가보다 트레이너가 필요하다. 상처받은 청년들은 건강한 사람들과 대화하고 운동하고 경건의 훈련을 해야 한다. 그래야 오랫동안 안개처럼 뿌옇기만 한 그의 인생에 한 줄기 빛이 새어 들어와 그를 변화시킬 수 있다.

"그러므로 너희 죄를 서로 고백하며 병이 낫기를 위하여 서로 기도하라 의인의 간구는 역사하는 힘이 큼이니라"(야고보서 5:16).

2018년 7월 초에 지인의 소개로 신앙생활 한 지 10년 된 집사님을 만났다. 이혼한 지는 15년 되었고 아들과 함께 작은 집에서 살고 있었다. 본인이 섬기는 교회에 심방을 원했으나 담임목사가 심방을 하지 않아 내가 가게 되었다.

심방 중에 보니, 집사님은 10년 이상 우울증약을 복용하고 있었다. 약 기운으로 인해 하루 종일 몽롱한 상태라면서 이 약만 끊을 수 있다면 열심히 주를 따르겠다고 하나님께 기도한다고 했다. 아들은 많이 지쳐 보였는데 자신도 우울증세가 있다고 내게 털어났다.

두 번째 심방 때는 아들을 따로 만났고 그날 나는 그에게 이렇게 말했다.

"당신의 가정을 앞으로 일곱 번 심방하겠습니다."

그날 이후 주일 저녁 7시에 모든 일정을 끝내고 나서 차로 한 시간 정도 이동해 한 영혼에 대한 긍휼한 마음으로 말씀을 전하고 기도했다. 그렇게 뜨거운 여름이 시작되었다.

세 번째 심방에서는 엄마와 아들이 쌓여 있던 감정들을 서로 고백하는 시간을 가졌다. 네 번째 심방을 가자 집사님이 아무도 돌아보지 않는 자신을 계속 찾아와 줘서 감사하다면서 눈물을 흘렸다. 그날 집사님은 과거에 아무도 모르게 바람을 피웠다는 내밀한 이야기를 털어놨다. 죄의 고백이었다.

다섯 번째 심방에서 예수를 믿지 않던 아들이 예수를 믿고 따르겠다는 고백을 했고, 일곱 번째 심방에선 가족이 화해하는 역사가 일어났다.

그렇게 뜨겁던 여름이 끝났고 집사님은 우울증에서 자유로워졌다. 심방과 경건 생활을 통해 자신도 잊어버리고 있던 죄를 깨닫고 하나님 앞에 죄를 고백함으로 깨끗해졌다.

복음의 실제

8년의 부교역자 생활을 하면서 사례금을 30만 원에서 시작해 마지막 몇 달은 100만 원 받았다. 그랬기에 개척했다고 해서 우리 집 재정 상황이 크게 달라질 건 없었다. 여전히 어려웠다는 얘기다. 부모님이나 주변에 도와주는 사람도 없었기에 더 그랬다.

개척 초기 아내는 돈을 벌어야 하고 나는 교회를 세워야 했기에 부부관계나 자녀관계에서 어려움이 따랐다. 어떤 청년이 목회자 가정이 화목한 것이 보기 좋지 않다고 했으니 하나님이 이 상황을 허락하셨던 것 같기도 하다.

나는 오해가 생겨서 인간관계에 문제가 생길 경우 직접 만나 풀기도 하지만 보통은 기도한다. 개척해서 상당히 어려웠는데 나는 돈을 벌지 않고 기도하고 전도했다. 재정 문제를 돈으로 풀지 않고 기도로 풀었다. 계속 기도 시간을 늘려 나가는 한편, 매달 카드결제 대금이 300만 원가량 나올 정도로 청년들을 만나고 다녔다. 아내는 거정했지만 수많은 까마귀가 와서 교회가 세워지도록 도왔다. 개척 초반엔 상가를 얻느라 빚이 있었지만 개척 7년 차 때 빚을 다 갚고 지금은 강촌에서 두 번째 교회를 개척해서 가정회복 사역을 하고 있다. 어려움의 해결 방법은 기도였다.

내가 경험한 바로는 하나님은 믿으라고 가르쳐서 믿어지는 존재가 아니다. 믿지 못하게 하는 구조가 있다. 그 구조를 해체하는 과정, 다시 말하면 성장하면서 환경과 상황을 통해 만들어진 상처를 치료하고 신뢰를 회복시킬 때 비로소 그 영혼이 복음을 듣는다. 그래야 믿음으로 '전인격적인 변화'와 '가치 혁명적인 변화'를 경험한다. 예수님 때문에 새로운 삶을 살게 된다.

오래 방황하던 내가 먼저 이것을 경험했다. 그리고 나의 가정과 나를 신뢰하고 가르침을 따르는 사람들이 변화를 경험하고 있다. 믿음은 가르치는 것이 아니라 경험하게 하는 것이다.

PART 2

다음 세대의 이해

5

아이들의 문화와 언어를 이해하자

주경훈 목사

오륜교회 목사
사단법인 꿈이 있는 미래 소장
저서 『원 포인트 통합교육』 외 다수

"예수는 지혜와 키가 자라 가며 하나님과 사람에게
더욱 사랑스러워 가시더라"

누가복음 2:52

5

아이들의 언어를 배우자

2018년 다음 세대 교육과 관련된 일로 우간다에 다녀왔다. 나에게 아프리카는 낯선 땅이었다. 한국과 지리상의 거리만큼이나 정서적인 거리는 더욱 먼 나라였다. 하지만 가야 할 곳이기에 가기 위한 준비를 했다.

첫째로 '황열병' 예방 접종 주사를 맞았다. 황열병, 이름도 처음 듣는 병이었다. 모기에 의해서 감염되는 병으로 중증환자의 25~50%가 사망하는 병이라고 했다. 덜컥 겁이 났다. 의사는 웃지도 않고 진지하게 주의해야 할 사항을 말해 줬다.

그 외에도 지카 바이러스, 에볼라, 말라리아 등 주의해야 할 사항을 알려 주었고, 특별히 말라리아 약은 우간다로 출발하기 몇 주 전부터 먹기 시작해서 돌아와서도 한동안 먹어야 한다고 했다. 다른 병은 약이 없어서 먹을 수도 없다고 했다.

여러 가지 검사를 하고 황열병 예방 주사를 맞았다. 독감 주사를 맞을 때보다 더 아픈 것 같았다. 그리고 드디어 노란색으로 된 예방접종 증명서를 받았다. 이 종이가 있으면 일단 우간다로 가는 데는 문제가 없다. 마음이 이상했다. 예방접종 증명서를 손에 쥔 것만으로도 무엇인가 큰 결단을 한 것만 같았다.

왜 이렇게까지 하는 것일까? 이유는 간단하다. 타 문화권으로 갈 때 그 문화권에 맞는 준비를 하기 위해서다. 타 문화권으로 들어가는 일은 생각 외로 위험한 일이다. 타 문화권 사람들에 대한 마음만으로는 그들을 섬길 수 없다. 그들을 섬기기 위한 준비가 되어 있어야 한다.

첫 번째 준비는 언어를 배우는 일이다. 선교사가 가려고 하는 나라의 언어를 준비해야 하듯 다음 세대 사역을 하려면 다음 세대의 언어를 배워야 한다.

인정하기 어렵겠지만 다음 세대 사역자는 이미 다음 세대와 세대 차이가 난다. 서로 다른 종족이다. 타 문화권의 사람이다. 시대가 빠르게 변하고 있다. 빅데이터 시대가 되면서 4차 산업시대의 문이 활짝 열렸다. 어제의 지식은 오늘, 이미 과거의 지식이 된다. 시대의 변화와 함께 다음 세대와 기성세대 간의 문화 간격은 더욱 멀어지고 있다.

지금도 충분히 다음 세대와 소통할 수 있다고 생각하는가? 그렇다면 과연 그런지 간단한 시험을 하나 해보자. 시간은 무제한이다.

다음 단어의 의미를 적어 보자.

| 언어 영역 시험 |

1. 갑뿐싸 :
2. JMT :
3. 톤그로 :
4. 마상 :
5. 애빼시 :
6. 번달번줌 :
7. 롬곡버튼 :
8. 띵언 :
9. 별다줄 :
10. 법블레스유 :
11. 롬곡옾눞 :
12. 휘소가치 :
13. TMI :
14. 문찐 :
15. 일코노미 :
16. 올인빌 :
17. 쉼포족 :
18. 퇴준생 :
19. 졸혼 :

20. 나일리지 :
21. 가싶남 :
22. 가심비 :
23. 고답이 :
24. 낄끼빠빠 :
25. 누물보 :
26. 대유잼 :
27. 댓망진창 :
28. 덕페이스 :
29. 무지개매너 :
30. 맛상 :
31. 맴찢 :
32. 비담 :
33. 복세편살 :
34. 솔까말 :
35. 시강 :
36. 삼귀다 :
37. 이생망 :
38. 우유남 :
39. 엄근진 :
40. 졸못사 :

● 맞은 개수 :

당신의 점수는 몇 점인가? 답은 다음 세대를 만나서 물어보면 좋겠다. 그들이 잘 알려 줄 것이다. 자신의 점수를 보고 너무 충격을 받지 않으면 한다. 참고로 절반 이상 맞히는 사역자가 별로 없다. 혹시 이런 언어를 아는 것과 다음 세대 사역과 무슨 상관이 있는가를 물을 수도 있겠다. 성경이면 충분하기 때문에 이런 것은 몰라도 된다고 생각할 수도 있다.

하지만 타 문화권으로 들어가기 위해서는 먼저 언어를 배워야 한다. 언어를 배우지 않고는 타 문화권 사람들과 소통할 수 없다. 한국에 온 선교사가 한국말을 배우지 않고 영어로 계속 말한다면 선교가 될까? 언어는 소통의 수단인 동시에 그 이상의 역할을 한다. 언어는 문화를 담고 있기 때문에 그 시대 사람들의 문화와 정서를 대변한다. 그러므로 타 문화권을 섬기기 위해서는 먼저 언어를 배워야 한다.

다음 세대 사역자는 이중 언어를 구사할 수 있어야 한다. 사역은 결국 말로 하는 것이기 때문이다. 다음 세대 사역자의 첫 번째 언어는 신학적 언어다. 성경에 능통해야 한다는 뜻이다. 신학적 언어(성경적 언어)는 다음 세대 사역자의 모국어다. 다음 세대는 말씀을 듣기 원한다. 모든 교회의 위기는 신학적 위기다. 구약의 아모스 선지자가 지금 이 시대에 있어도 똑같이 선포했을 것이다.

"주 여호와의 말씀이니라 보라 날이 이를지라 내가 기근을 땅에 보내리니 양식이 없어 주림이 아니며 물이 없어 갈함이 아니요 여호와의 말씀을 듣지 못한 기갈이라"(아모스 8:11).

다음 세대는 그냥 말씀이 아닌 바른 말씀을 듣기 원한다. 다음 세대의 위기는 다음 세대 사역자가 초래했을 수도 있다. 이스라엘의 위기를 종교 지도자들이 만들었듯이 말이다. 다시 복음으로 돌아서야 한다.

다음 세대 사역자의 두 번째 언어는 문화적 언어다. 우리는 지금 4차 산업시대를 살고 있다. 지금의 다음 세대는 4차 산업시대 이전의 시대를 경험해 보지 못했다. 이들은 I-Gen(i세대)으로 사람과 접촉하기보다 인터넷과 더 많이 접촉한다. 이들과 소통하기 위해서는 이들의 문화를 읽고 활용할 수 있어야 한다. 문화는 삶의 전부를 포함한다.

문화란 언어적인 문화와 비언어적인 문화가 있다고 생각한다. 그 시대 사람들의 언어를 들어 보면 그 시대 사람들의 문화와 생각을 알 수 있다. 또한 표현하는 외적 양식, 삶의 형태를 통해 삶의 가치를 알 수 있다.

그러므로 다음 세대 사역자는 문화적 언어에 능통해야 한다. 다음 세대 사역자로서 다음 세대와 언어가 통(通)하지 않으면 통(痛)할 것이다.

이제, 위에 열거된 단어 40개를 가만히 살펴보자. 그 속에 다음 세대의 고민, 아픔, 가치가 보일 것이다. 단어들 속에 무엇이 보이는가? 읽기도 힘들고 이해하기도 힘든 단어들 속에 보이는 다음 세대의 특징을 세 가지만 기록해 보자.

1. _____
2. _____
3. _____

이제, 이런 특징과 고민을 안고 있는 다음 세대에게 들려줄 신학적 언어(성경적 언어)를 기록해 보자.

1. _____
2. _____
3. _____

다음 세대의 문화는?

선교학에 미전도 종족이란 개념이 있다. 미전도 종족이란 복음의 손길이 닿지 못한 상태를 말하며 이들은 타 문화권의 도움 없이는 스스로 복음화할 수 없는 종족이다. 선교학에서는 기독교인이 2~5% 이하인 종족을 이 범위에 포함시킨다.

선교학자들은 수십 년 전부터 이 지역에 대한 깊은 관심을 가지고 선교사 파송을 위한 노력을 해왔다. 모든 선교사가 다 그렇겠지만, 이 지역에 들어가는 선교사들은 특별한 훈련을 받는다.

지역의 절대다수의 사람들이 반기독교적인 문화 속에서 살아가기 때문에, 이들에게 복음을 전하기 위해서는 특별한 훈련과 특별한 전략이 필요하다. 더군다나 대부분이 이슬람 지역이기에 안전에 대해서도 특별히 신경을 써야 한다. 준비 없이 들어가, 지혜롭지 못하게 복음을 전했다가는 사역을 시작하기도 전에 큰 어려움을 당할 수도 있다.

조국 교회의 다음 세대 복음화율은 얼마나 될까? 통계를 하는 기관마다 다소 차이는 있지만, 미전도 종족의 수준이라고 보는 기관이 적지 않다. 다음 세대들에게 더 이상 기독교가 믿을 만한 종교로 느껴지지 않고 있다.

더군다나 시간이 흐를수록 탈종교화 현상이 급증하고 있다. 5년마다 진행하는 인구주택총조사를 보면 '종교 없음'이라고 표시한 사람이 급증하고 있음을 알 수 있다. 일명 '탈종교화' 현상이다. 2005년에 '종교 없음'이라고 표시한 사람이 47.1%였는데, 2015년에는 56.1%로 10%포인트 가까이 증가했다.

연령대별 종교인구 분포(2005, 2015)

연령	2005년		2015년		증감
	없음(A)	있음	없음(B)	있음	(B-A)
계	47.1	52.9	56.1	43.9	9.0
10~19세	49.5	50.5	62.0	38.0	12.5
20~29세	52.1	47.9	64.9	35.1	12.8
30~39세	52.1	47.9	61.6	38.4	9.5
40~49세	43.5	56.5	56.8	43.2	13.3
50~59세	37.4	62.6	49.3	50.7	11.9
60~69세	36.7	63.3	42.3	57.7	5.6
70세 이상	37.0	63.0	41.8	58.2	4.8

자료: 통계청

연령대별로 보면 40대(13.3%)가 가장 많이 이탈했고, 다음이 10대(12.5%), 20대(12.8%) 순이다. 이러한 현상은 한국 갤럽의 종교 통계 보고서에서도 확인할 수 있다.

한국 갤럽이 조사한 '한국인의 종교 : 1984~2014'에 의하면 종교인구가 연령이 낮을수록 낮아지는 것을 볼 수 있다. 20대의 경우 2004년에는 45%였는데 2014년에는 31%로 10년 사이에 14%포인트나 감소했다. 이를 두고 박상진 교수는 엄청난 '탈종교화 현상'이라고 진단했다.

연령별 종교인 비율 (%)

	2004년	2014년
19~29세	45	31
30대	49	38
40대	57	51
50대	62	60
60대 이상		68

　탈종교화 현상의 중심에 다음 세대가 있다. 기독교 역시 탈종교화 현상에서 자유롭지 못하다. 교회마다 다음 세대들의 목소리가 줄어들고 있다. 과거의 교회는 다음 세대들에게 놀이터였고 마당이었고 문화 창조의 공간이었다. 하지만 지금은 다음 세대들이 교회에서 놀지 않는다. 아이들은 각자의 방에서 사람 죽이는 게임을 한다. 사람이 죽는 비명 소리를 들으며 더 많이 죽이기 위해 경쟁하는 게임을 한다. 교회마다 다음 세대들이 급격하게 줄어들어서 찾아보기 힘들 정도다. 교회 현장에서 느끼는 다음 세대 복음화율은 미전도 종족 수준이다.

　이런 상황이라면 다음 세대 복음화를 위해서 훈련된 다음 세대 사역자들이 필요하다. 미전도 종족 속으로 들어가기 위해서 선교사들이 특별 훈련을 받듯이, 다음 세대 안으로 들어가기 위해서 다음 세대 사역자로서 특별 훈련을 받아야 한다.

　하지만 나 역시 그러지 못했다. 나의 훈련 경력, 은사, 달란트와 상관없이 부서가 주어졌다. 부서를 담당하는 순간, 훈련은 내가 시키고 부서 아이들은 나의 훈련을 받아야 하는 훈련생이 되었다. 소경이 소경을 인도하는 격이 된 것이다.

가만히 생각해 보니 다음 세대들이 교회를 떠나는 것이 아니라, 교회가 다음 세대들이 못 오도록 막고 있었다. '교회'라고 말하니 '내가' 교회라는 단어 뒤에 숨는 것 같아 비겁해 보인다. 더 정확히 말하면 '내가' 다음 세대들이 하나님과 친밀감을 누리지 못하도록 막고 있었다.

다음 세대는 다음 세대 사역자만큼 성장한다. 그러므로 다음 세대 사역자는 반드시 성장해야 한다. 하지만 나 역시 다음 세대 사역자로서 아무런 준비가 되어 있지 않았다.

다음 세대를 이해하기 위한 첫출발은 그들의 삶을 이해하는 것이다. 목양 대상자들의 삶에 대한 이해 없이 피상적 말씀 전달과 훈련은 불가능하다. 어찌 보면 당연한 것이 쉽게 무시된다. 예수님을 한 번 생각해 보자.

예수님은 위대한 구속사 사역을 위해 이 땅에 오셨다. 인간을 구원하기 위한 계획을 세우시고, 이 땅에 오기만을 기다리셨을 것이다. 예수님이 감당하셔야 할 일이 얼마나 중대하고 큰일인가! 그런데 예수님은 그 위대한 일부터 하지 않으셨다. 사람들을 이해하는 데 대부분의 시간을 사용하셨다.

"보라 처녀가 잉태하여 아들을 낳을 것이요 그의 이름은 임마누엘이라 하리라 하셨으니 이를 번역한즉 하나님이 우리와 함께 계시다 함이라"(마태복음 1:23).

하루라도 빨리 사역을 시작하셔야 할 텐데, 예수님은 아무것도 할 수 없는 어린아이의 모습으로 오셨다. 예수님은 갓난아기의 모습으로 이 땅에 오셔서 인간이 살아가는 모든 삶의 순간과 희로애락을 겪으셨다. 예수님은 사명에 이끌리는 삶을 사셨지만, 일 중심적이지 않았다. 예수님이 갓난아기로 이 땅에 오셔서 한 일은 무엇인가?

"예수는 지혜와 키가 자라 가며 하나님과 사람에게 더욱 사랑스러워 가시더라"(누가복음 2:52).

하나님과 사람들에게 사랑스러운 존재로 성장하시는 것이었다. 결코 쉬운 일이 아니다. 위대한 사역을 성취하는 것보다 하나님과 사람들에게 사랑스러운 존재가 되는 것이 훨씬 더 어렵다. 예수님은 시간의 흐름을 따라 성장하실 때마다 사람들에게 '더욱' 사랑스러워지셨다. 예수님은 인간의 문화를 깊숙이 경험하셨고, 누가 보더라도 사랑스러운 존재로 성장해 가셨다.

인간을 만드신 하나님이 인간의 문화를 이해하기 위해 이 땅에 오셨다.

"그는 근본 하나님의 본체시나 하나님과 동등됨을 취할 것으로 여기지 아니하시고 오히려 자기를 비워 종의 형체를 가지사 사람들과 같이 되셨고"(빌립보서 2:6-7).

예수님은 이 땅에서 보낸 33년의 시간 중 무려 30년을 평범한 인간으로서 인간의 문화를 깊이 경험하셨다. 본격적인 사역의 시간은 단 3년이다. 3년이면 충분했다. 그 3년은 30년간 준비되어 온 3년이었다. 누구보다 인간을 잘 아시는 예수님의 사역은 3년이면 충분했다.

우리는 어떠한가? 많은 사람이 자신의 사역이 예수님의 사역보다 더 중대하고 다급한 일이라고 생각하는 것 같다. 다음 세대의 삶에 대한 이해도 없이 곧바로 사역에 뛰어든다. 예수님은 30년 준비하고 사역하셨는데, 우리는 3년도 준비 안 하고 사역의 현장으로 달려간다. 다음 세대의 마음은 싸늘하기만 하고 우리는 점점 지쳐 간다.

예수님의 사역이 다음 세대 사역자의 모델이 되어야 한다. 다음 세대에 대한 이해가 사역보다 먼저다. 그들의 문화를 알아야 한다. 다른 말로 하면, 다음 세대들과 많은 시간을 함께해야 한다.

사역자의 평생 과제

설교는 사역자의 평생 고민이다. 어느 누구도 이 부담감에서 자유

할 수 없다. 전도사가 되고 처음 설교했을 때의 기억이 아직도 생생하다. 처음 소년부(4~6학년) 아이들 앞에서 설교하기 위해서 밤을 샜다. 그때의 긴장감이란! 재미있는 것은 내가 긴장한 것보다 내가 설교하는 모습을 보고 아이들과 선생님들이 더 긴장했다. 너무 긴장하는 내 모습을 보고 무슨 일이라도 일어날 줄 알았던 것 같다.

이후 청년부를 맡아서 요한복음 강해 설교를 시작했다. 처음 예수를 믿은 사람에게 성경 읽기를 권할 때 보통 요한복음을 권면하기 때문에 내심 만만해 보였다. 결과는 비참했다. 요한복음을 끝내지 못했다. 요한복음은 처음이 아니라 마지막에 해야 할 책이었다.

그 후로 설교에 대한 나의 관심은 증폭되었다. 제목 가운데 '설교'라는 글자가 들어간 책은 보이는 대로 샀다. 책을 읽다 보니 한결같이 '독서'의 중요성을 강조하기에 '독서'와 관련된 책도 수십 권 샀다.

설교문을 잘 작성하기 위해서 '글쓰기'와 관련된 책도 많이 읽었다. 아무리 설교 원고를 잘 써도 그것을 효과적으로 전달하지 못하면 소용없기에 '커뮤니케이션'과 관련된 책을 읽고 공부했다. 닮고 싶은 설교자 몇 명을 선택하여 그분들의 설교를 구할 수 있는 대로 전부 구했다. 설교문을 읽고, 영상을 보고 따라 해보기도 했다.

이런 노력이 설교에 도움을 주었다. 하지만 어쩐지 늘 허전했다. 채워지지 않는 무엇인가가 있었다. 이때 만난 사람이 존 녹스(John knox)다. 이름은 많이 들어 봤으나 메리 여왕이 두려워하던 인물이라는 것 외에 그의 인생에 대해서 아는 바가 거의 없었다.

하지만 설교에 대한 깊은 갈증을 느끼던 나에게 녹스는 신선한 옹달샘 물 같았다. 우선 녹스에 대한 평가가 대단했다. 토머스 칼라일(Thomas Carlyle)은 존 녹스를 "그의 조국과 세계가 빚을 지고 있는 스코틀랜드인"이라고 칭송했다.

녹스의 제자 제임스 멜빌은 녹스를 "우리 민족의 가장 고귀한 선지자이자 사도"라고 불렀다. 로이드 존스(Martyn Lloyd Jones)는 녹스를 "청교도의 창시자요 장로교회의 아버지"라고 했다. 이 정도면 그의 삶과 설교를 한번 살펴봐도 되지 않을까?

설교자로서 녹스의 정체성은 '하나님의 나팔수'였다. 녹스는 하나님의 말씀을 선포하여 예수 그리스도를 세상의 주관자로 받아들이도록 사람들을 일깨웠다. 그는 전 생애를 통해 자기의 설교를 '주인의 나팔을 부는 것'으로 묘사했다. 설교자로서 녹스의 주된 관심사는 자신을 드러내는 일이 아니었다.

그는 나팔수로서 하나님만 외치기를 원했다. 그래서일까? 한 시대의 위대한 사역을 감당했던 녹스의 명성에 비해 그가 남긴 설교문은 거의 없다. 그의 설교문을 직접 읽고 싶었으나 거의 찾아볼 수가 없었다. 1565년 출판된 녹스 설교의 서문에서 그 이유를 조금이나마 알 수 있었다.

"나는 미래의 세대들을 위해 책을 저술하기보다는, 이 패역한 세대를 향해 외침으로써 무지한 자들을 가르치고, 슬픈 자들을 위로하고, 약한 자들을 강건케 하고, 오만한 자들을 책망하도록 부르심을 입었다고 생각했다. 또한 아주 뛰어난 인물들에 의하여 너무도 많은 글이 쓰였으나 그다지 특이할 만한 내용이 없는 것을 보았을 때, 나는 단지 나의 소명에만 충실하기로 다짐했다."

녹스는 설교를 통해서 자신을 드러내려고 하지 않았다. 그는 나팔수로 만족했다. 그 사명을 감당하기 위해 하루에 겨우 4시간을 휴식과 수면에 바칠까 말까 했으며, 졸리는 눈을 비벼 가며 설교문을 썼다. 당시 정치적인 혼란 속에서 녹스는 설교를 하면 할수록 점점 더 큰 생명의 위협을 느껴야 했다. 하지만 설교를 멈출 수는 없었다.

녹스의 삶은 늘 고통의 연속이었다. 수년 동안 망명 생활을 했으며, 심지어 프랑스의 갤리선에서 노예로 19개월 동안 고통스러운 날들을 보냈다. 비참한 노예선 속에서 그의 신앙은 오히려 더 단단해지고, 더 강해졌다.

12년간 유랑 생활을 한 녹스는 이런 기도를 하기도 했다. "오 하나님, 스코틀랜드를 나에게 주옵소서. 그렇지 않으면 나는 죽겠나이다!" 녹스는 누구보다 스코틀랜드 사람들을 사랑했다.

바로 이것이다! 나에게 2% 부족한 점이 바로 이것이었다. '나는 왜 설교를 하는가?', '나에게서 설교란 무엇인가?' 하는 부분이 정립되어 있지 않았던 것이다. 즉 설교자로서 나의 정체성이 분명하지 않았다.

부끄럽지만 설교를 통해서 나를 드러내 보이려고 했다. 하나님의 나팔수가 아니라, 나 자신이 이런 사람이라고 드러내고 싶었다. 설교자라면 이 유혹에 얼마나 쉽게 빠지는지 공감할 것이다. 수많은 리더가 무너지는 원인 또한 결국 이 때문이다. 나는 설교를 화려하고 세련되게 하는 것보다, 설교자로서 그 내면을 투박하지만 단단하게 만들어야 했다.

설교자로서 내면이 단단했던 녹스의 설교는 청중들의 삶의 잎사귀만이 아닌 뿌리까지 뒤흔들었다. 하나님의 나팔수로서 녹스는 나팔을 부는 데 있어서 사람을 가리지 않았다.

녹스는 메리 여왕과 천주교를 대상으로도 거침없이 나팔을 불었다. 그 결과 녹스의 설교는 여왕을 울게 했다. 하지만 죄를 깨닫는 통회의 눈물이 아니라 분노에 찬 눈물이었다. 그녀는 녹스를 두려워했다. 그녀는 많은 잉글랜드 군대보다도 녹스의 기도와 설교를 두려워했다. 영국 대사였던 토머스 랜돌프(Thomas Randolph)는 그의 설교에 대해서 이렇게 말했다.

"그 한 사람이 한 시간 동안 하는 말이 500개의 나팔이 우리의 귀에 한꺼번에 불어대는 것보다 더 큰 영향을 준다."

누구보다 강력한 사역을 했던 녹스는 스코틀랜드의 영적 부흥을 경험했다. 1559년 6월 23일, 그의 영국 친구에게 보낸 편지에서 그는 다음과 같이 쓰고 있다.

"지금 40일 이상 동안이나 나의 하나님께서 그의 영광을 선포하시기 위해서 나의 조국에서 나의 입술을 사용하셨습니다. 내가 무슨 일을 당한다고 할지라도, 심지어 내가 내 손으로 나의 시체를 만지는 일이 있더라도 그의 거룩하신 이름은 찬양을 받아야 합니다. 여기에서 귀족과 천민을 가리지 않고 일어나는 말씀에의 기갈이 어찌나 놀랍도록 거대한지, 그것은 나에게 그리스도 예수께서 지구의 북쪽 끝에 있는 이곳에서 승리를 거두시리라는 위안을 주십니다."

그에게 소원이 있다면 삶의 마지막 순간까지 자신에게 주어진 설교자로서의 사명을 다하는 것이었다. 황봉환 목사님의 『스코틀랜드 종교개혁과 존 낙스의 신학』에는 1572년 11월 24일, 그가 임종하기 직전에 한 설교를 소개하고 있다. 내용을 보면 그가 어떤 설교자였는지 명확히 알 수 있다.

"그러므로 하나님과 그의 거룩한 천사들 앞에서 감히 고백하나니, 나는 하나님의 말씀을 이용하여 개인적인 이익을 취한 점이 없으며, 인간을 기쁘게 하고자 노력한 점도 없으며, 나 개인의 정욕을 만족시킨 일도 없으며, 단지 내게 허락하신 은사를 성실하게 사용하여 내가 감동한 교회의 덕을 세우기 위해 노력하였을 뿐이다. 하나님께서 나의 입을 통해 말씀하기를 원하시거니와 나는 사람들에게 명백하고 순수하게 그의 진리를 보여 주는 데 조금도 비겁하지 않았다."

설교자로서 내 열심의 방향이 바뀌었다. 설교를 더 잘하기 위해 무언가를 덕지덕지 붙이지 않고, 나팔을 선명하게 불기 위해 나팔에 붙은 때를 벗기기로 했다. 하나님 앞에서 한 사람의 설교자로 살기 이전에 하나님을 진심으로 사랑하는 한 사람의 성도로 사는 일이 내가 추구해야 할 방향이었다.

지금은 사사시대처럼 말씀이 희귀하여 이상이 흔히 보이지 않는다(사무엘상 3:1). 강단에서 쏟아지는 말씀이 심리학과 인문학으로 대치되었다. 성도들이 공감하지 못하는 각종 교회 행사, 이벤트, 마케팅이 쏟아진다. 목회자와 성도들의 윤리적 수준은 사회에서 걱정할 만큼 한계선을 넘어섰다. 공중파 방송에서 교회를 염려하는 뉴스가 등장할 정도다.

정말이지 대각성(The Great Awakening)이 필요한 시대다. 누군가의 대각성이 아니라 한 사람의 사역자로서, 나의 대각성이 필요한 시점이다. 이것이 존 녹스가 현재를 사는 사역자들에게 던지는 도전이다.

입술이 아니라 몸으로 가르치라

대학원 수업 시간에 교수님께서 인디언 원주민 사진을 보여 주신 일이 있다. 옷을 한 번도 본 적이 없고, 입어 본 적도 없는 사람이라고 하셨다. 간단한 설명을 한 후에 교수님은 자신의 겉옷을 벗어 자신이 원주민 역할을 할 테니 나에게 옷 입는 방법을 설명해 보라고 하셨다.

'너무 쉽지 않은가? 이것이 과연 대학원 과정에서 할 일인가?' 오늘 집을 나서기 전에도 나는 옷을 입고 왔다. 자신 있게 말했다. "오른쪽 팔을 오른쪽 팔 넣는 곳에 넣으세요!" 그런데 원주민은 오른팔 넣는 곳을 모른다. 처음 봤으니 알 리가 없다. 이때부터 오리무중이 되었다. 어떻게 설명을 해도 원주민은 이해할 수가 없었다. 결국 멋진 옷은 원주민을 웃음거리로 만들어 버렸다.

사실 이런 어려움은 5학년, 3학년 두 딸을 둔 나의 삶에서 흔히 일어나는 일이다. 호기심이 많고, 말하기를 좋아하는 딸들은 늘 나에게 질문을 했다. 사실 목사는 질문을 많이 받는 사람이다. 목사로 살아온 지 10년이 훌쩍 넘으니 이제는 웬만한 질문에는 긴장하지 않고 대답한다. 그런데 두 딸의 질문은 다르다. 굉장히 신경을 많이 써야 한다. 질문은 다음과 같다.

"아빠, 배려가 뭐야?", "존중이 뭐야?", "성실이 뭐야?", "가치가 뭐야?" 이런 질문은 정말 힘들다. 어떻게 설명해야 할지 모르겠다. 어떻게든 비슷한 예를 들어 설명한다.

그런데 한번은 둘째 딸에게 전화가 왔다. 줄넘기 시험을 보는데 잘 안 된다고 했다. 그러니 지금 전화로 가르쳐 달랜다. "줄넘기를 전화상으로?" 정말 막막한 일이다. 집에 들어가서 가르쳐 주겠다고 했지만 딸아이는 간절했다. 당장 가르쳐 달라고 했다.

하는 수 없이 최선을 다해서 설명했다. 줄넘기 손잡이를 허리께에 잡고 손목을 작은 원을 그리듯 돌리면서 줄이 바닥을 칠 때쯤 살짝 뛰면 된다고 했다. 설명하면서도 이게 말인지, 뭔지 알 수가 없었지만, 설명하긴 했다.

배려, 존중, 성실, 가치 등의 단어 역시 말로 설명하기는 어렵다. 하지만 줄넘기, 수영, 농구 등 움직이는 것은 말로는 설명이 안 된다.

반드시 몸을 움직여 보여 주어야 한다. 가장 간단한 '걷기' 역시 말로는 설명이 안 된다.

기독교 진리를 말로만 가르치려는 생각은 수영을 한 번도 해본 적 없는 사람에게 말로만 수영을 가르치는 일과 같다. 말로만 배운 수영은 필기시험에서는 100점을 맞을 수 있겠지만, 물에 들어갔다가는 다시는 땅을 밟지 못할 수도 있다. 움직이는 모든 것은 몸으로 보여 주어야 한다.

청년들은 늘 배움과 성장에 대한 갈증이 있다. 지금의 상태보다 더 성장하길 원한다. 그리고 모든 청년부 사역자들은 훈련과 양육에 집중한다. 문제는 훈련과 양육이 대부분 말로만 이루어진다는 점이다.

전도 훈련을 하는데 소그룹실에서 강의안을 붙잡고 12주 동안 한다. 기도 훈련을 하는데 기도는 10분 하고 강의를 2시간 한다. 소그룹 훈련을 하는데 소그룹의 역동성을 깨는 방식으로 한 학기 동안 강의한다. 제자훈련을 하는데 1년 동안 성경적 지식만 나열한다. 이제 그만하자. 정보를 말해 주는 교육이 아니라 보여 주는 교육을 해야 한다.

입으로 가르치는 교육은 허무하다. 아무리 많은 정보를 쏟아내도 바람 한 번 불면 날아가는 휴지처럼 휘발성 지식에 불과하다. 몸을 움직여서 새기는 것만이 진정한 배움으로 남는다. 다음 세대 사역자는 반드시 명심해야 한다. 가르치는 모든 것이 배움으로 연결되지는 않는다.

가르침과 배움은 별개의 문제다. 사역자 입장에서 아무리 많은 것을 준비하고 가르쳐도 배우는 학생들 입장에서 배움이 일어나지 않을 수도 있다. 배움이 일어나는 접점은 반드시 몸으로 경험되는 순간이다.

그래서 하나님의 가르침의 원리는 항상 '행동' 이후에 '가르침'이었다. 교육의 대헌장인 쉐마 말씀, 즉 신명기 6장 4절에서 9절까지의 말씀은 이를 명확히 드러내고 있다.

"너는 마음을 다하고 뜻을 다하고 힘을 다하여 네 하나님 여호와를 사랑하라 오늘 내가 네게 명하는 이 말씀을 너는 마음에 새기고"(신명기 6:5-6).

모세가 처음 광야에서 이 말씀을 전할 때 가장 먼저 들었던 일차 독자는 누구인가? 다음 세대가 아니라 기성세대였다. 즉 하나님은 기성세대를 변화시켜 다음 세대를 변화시키길 원하셨다.

'마음을 다하고 뜻을 다하고 힘을 다하여'는 전인격적으로 열심히 하나님을 사랑하라는 뜻이다. '이 말씀을 너는 머리에 암기하라'가 아니라 '마음에 새기라'고 하셨다. '새기다'라는 단어는 영어의 be 동사와 같은 것으로 존재를 의미한다.

'말씀을 마음에 새기라'는 '말씀의 존재가 되라'는 뜻이다. 영어를 잘하는 사람을 걸어 다니는 영어 사전이라고 한다. 마찬가지로 말씀의 사람은 '걸어 다니는', '움직이는' 말씀의 사람이 되어야 한다. 행함이 먼저다. 기독교 교육은 행함으로만 다음 세대에게 전수된다. 그런데 모세가 이렇게 외치고 나서 시간이 얼마 지나지도 않았는데 상황이 안 좋아졌다.

사사기의 시작은 불길하다.

"그 세대의 사람도 다 그 조상들에게로 돌아갔고 그 후에 일어난 다른 세대는 여호와를 알지 못하며 여호와께서 이스라엘을 위하여 행하신 일도 알지 못하였더라"(사사기 2:10).

다른 세대의 특징은 두 가지다. 첫째는 여호와를 알지 못하고, 둘째는 여호와께서 이스라엘을 위하여 행하신 일을 알지 못한다. 하지만 정말 모를까? 아니다. 이스라엘의 교육열은 어느 민족보다 뜨겁다. 더군다나 이들은 토라를 통째로 외우는 민족이 아닌가! 여기서 알지 못한다는 말은 지식적으로가 아닌 경험적으로 알지 못한다는 의미다.

이들은 하나님과 관련된 성경 퀴즈 대회를 하면 늘 100점이다. 하지만 하나님을 한 번도 경험해 보지 못했다. 하나님은 역사 속의 하나님일 뿐 지금, 여기의 하나님은 아니었다. '다음 세대'가 '다른 세대'가 되었다.

사사 엘리 역시 이 부분에서 실패했다. 믿음의 다음 세대를 양육

해야 하는 엘리는 가정에서도 이를 실천하지 못했다.

"엘리의 아들들은 행실이 나빠 여호와를 알지 못하더라"(사무엘상 2:12).

홉니와 비느하스는 여호와를 알지 못했다고 한다. 이들은 성전에서 일하는 자들이었다. 하나님에 관해서 공부하지 않았을 리가 없다. 하지만 성경은 무엇이라고 하는가?

"행실이 나빠"

그렇다. '앎'보다 '삶'이 중요하다. 하나님을 알고 알지 못하는 기준은 행함이다. 삶이 증명하지 않는 앎은 앎이 아니다. 삶으로 보여주는 것만이 진정한 앎이다.

예수님은 항상 말보다 행함으로 가르치셨다.

"데오빌로여 내가 먼저 쓴 글에는 무릇 예수께서 행하시며 가르치시기를 시작하심부터"(사도행전 1:1).

누가는 데오빌로에게 예수님에 대해서 소개한다. 그런데 이 한 구절이 예수님이 이 땅에 계시는 동안 어떻게 교육하셨는가를 잘 보여준다.

"행하시며 가르치시기를"

예수님의 교육 방법은 먼저 행하고 나중에 가르치는 것이었다. 예수님은 말로 가르치지 않으시고 행함으로 가르치셨다. 천국 백성의 삶을 보여 주셨다. 하나님에게 속한 자의 평안을 보여 주셨다. 제자도의 삶을 보여 주셨다. 진정한 사랑의 실천을 보여 주셨다. 간절한 기도를 보여 주셨다. 말씀에 철저하게 순종하는 모습을 보여 주셨다. 이 모든 것은 직접 보여 주지 않으면 모르는 것이다.

교육은 telling이 아니라 showing이다. 이것이 다음 세대 사역자의 교육 방법이다. 사역자는 말이 아니라 행함으로 가르쳐야 한다. 교실이 아니라 현장에서 가르쳐야 한다. 이런 교육이 다음 세대로 하여금 삶의 야성을 지니게 만든다.

역사 이래로 21세기 성도들이 가장 지성적이다. 빅데이터 시대가 되면서 자신들이 원하는 지식을 손가락 몇 번의 터치로 얻을 수가 있다. 하지만 손가락 몇 번의 움직임으로 얻은 지식은 손가락 몇 번 움직이기도 전에 사라진다. 이런 지식을 가지고는 세상을 변화시키지 못함은 물론이요, 자신의 삶도 어쩌지 못한다.

21세기 젊은이들을 일컫는 신조어 가운데 '나토족'(NATO)이라는 단어가 있다. 'No Action, Talking Only'의 줄임말이다. 행동은 없고, 말뿐인 사람을 일컫는 말이다. 사역자는 절대로 나토족을 생산하면 안 된다. 그러기 위해서는 사역자가 먼저 나토족이 되어서는 안 된다. 입술이 아니라 몸으로 가르치자. 그리고 스펄전(C. H. Spurgeon)처럼 기도하자!

"나에게 12명의 진지한 심령들을 주시고, 나를 런던 어디에라도 내려놓으십시오. 우리는 하나님의 좋은 도우심으로 곧 광야와 적막한 땅으로 즐거워하게 만들 것입니다. 마음을 절반만 바치고 결단력과 관심이 없는 여러분 모두를 주십시오. 그러나 내가 무엇을 할 수 있을까요? 여러분은 단지 사람들의 열정과 진심을 막는 장애물일 뿐입니다. 미지근한 교인 5천 명은 5천 개의 장애물입니다. 그러나 그리스도를 영화롭게 하고 영혼들을 구원하기로 결심한 12명의 진지하고 열정적인 심령은 너끈히 승리합니다."

하나님 나라의 장애물을 길러 내지 않고 도시를 변혁시킬 움직이는 제자를 길러 내길 소원한다.

교육, 왜 하는가

레밍(Lemming)이란 설치류 동물이 있다. 레밍은 스칸디나비아 반도에 사는 동물로 일명 '나그네쥐'라고 불린다. 이들의 번식력은 대단하다. 암수 두 마리가 임신 13일 만에 12마리의 새끼를 낳는다. 낳은 새끼는 20일 만에 다시 12마리의 새끼를 낳는다. 33일 만에 새끼 12마리, 어미 2마리를 합쳐 단 14마리가 168마리로 불어난다.

그런데 이들은 웬일인지 이동하는 중에 호숫가나 바다에 뛰어들어 '집단 자살'을 시도한다. 이야기는 이렇다.

레밍의 시야는 30cm 정도다. 눈이 나쁜 레밍은 앞에 있는 레밍의 움직임을 보며 따라 움직인다. 그런데 갑자기 앞에 있는 레밍이 뛰기 시작한다. 맨 앞의 레밍은 왜 갑자기 뛰기 시작한 것일까?

아무도 모른다. 심심해서 뛰는지, 장난을 치는 것인지, 술래잡기를 하는지 아무도 모른다. 그런데 그 뒤에 있는 레밍이 덩달아 뛴다. 그 레밍은 왜 뛰는가? 갑자기 앞의 레밍이 시야에서 사라지니 보기 위해 같이 뛴다. 그러다가 큰 호수 혹은 바다를 만난다.

이때 두 가지 이유로 레밍은 호수에 뛰어든다. 첫째는 뛰어들고 싶지 않은데 뒤에서 따라오는 레밍이 밀어서이고, 둘째는 시야가 짧아 거대한 호수를 보지 못하고, 자신은 충분히 건널 수 있다고 착각해 뛰어든다. 이유가 어쨌든 결과는 비극이다. 교육학에서는 이처럼 아무 생각 없이 남을 따라 하거나 동조하는 쏠림 현상을 레밍 효과(The Lemming Effect)라고 말한다.

어리석은 레밍이라고 말하기에 앞서 우리의 모습을 돌아보자. 다음 세대 사역자로서 나의 사역의 목적은 무엇인가? 다른 것을 다 포기하더라도 이것만은 꼭 이루어야 할 그것은 무엇인가?

나와 함께하는 다음 세대 리더십은 우리 부서의 사명을 명확히 알고 있는가? 이 질문에 머뭇머뭇한다면 우리 역시 레밍처럼 의미 없이 달리고 있는지 모른다. 하지만 다행인 것은, 우리는 아직 호수에 뛰어들지 않았다. 그렇다면 잠시 멈추어 내가 무엇을 향해 달리고 있는지,

내가 달리는 길의 방향은 맞는지 점검해 보자!

사역자에 대한 평가는 사역에 대한 속도가 아니라 방향이어야 한다. 얼마나 짧은 시간 동안 많은 일을 해냈는가는 중요하지 않다. 올바른 것을 하는가가 중요하다. 부피가 아니라 밀도로 평가받아야 한다. 반드시 그래야 한다.

그렇지 않으면 내가 하는 사역을 다른 사람과 비교하게 되고, 그럴 때마다 감정의 시소에 앉아서 우월감 쪽으로 혹은 열등감 쪽으로 기울며 심각한 멀미를 경험하게 된다. 우리는 왜 그렇게 다른 사역자들과 자신을 비교할까? 아무 유익이 없음을 잘 아는데도 말이다. 이유는 내가 하는 사역에 대한 목적이 분명하지 않기 때문이다.

교육의 목적을 분명히 해야 한다. 타일러(Ralph W. Tyler)는 전통주의자이자 교육학자로서 교육과정에 대해서 강조했다. 타일러의 교육 설계 과정을 우리의 사역 현장에 적용해 보면 사역의 목적과 방향을 설정하는 데 도움을 받을 수 있다.

첫 번째는 교육 목표를 설정해야 한다. 교육 목표를 설정하기 위해서는 먼저 학습자를 연구해야 한다. 다음 세대 사역자로서 학생들에 대한 이해는 매우 중요하다. 그들의 삶의 형태와 고민, 신앙 수준의 정도를 알아야 한다. 결국 사람이다. 다음 세대 사역자는 다음 세대를 향한 애정의 마음을 가지고 그들을 이해해야 한다.

그 이해의 바탕 위에 '잠정적 목표'를 설정한다. 잠정적 목표를 잡았으면 그 목표가 신학, 교육학, 심리학적으로 맞는지를 확인해야 한다. 다음 세대 사역자가 박사학위를 가질 필요는 없지만, 학자적 태도를 지니고 있어야 한다. 잠정적 목표는 신학적, 교육적, 심리학적 검열을 받으며 구체적인 목표로 거듭나게 된다.

두 번째는 학습 경험을 선정한다.

학습 목표가 설정되었다면 그 학습 목표를 이루기 위한 학습 경험을 선정해야 한다. 학생들은 학습 경험을 통해서 학습 기회를 갖게 된다. 그 학습의 기회를 통해서 학습 목표까지 경험하게 된다.

지금 내가 맡은 부서의 학습 경험들을 나열해 보자. 학습 경험들은 어떤 학습 목표를 이루기 위함인가? 때로는 그 경험들이 언제, 왜, 어떻게 만들어졌는지도 모를 수 있다. 이전부터 하고 있어서, 재미있어서, 다른 교회도 하고 있어서 덩달아 하는 프로그램들도 있다. 모두 재평가되어야 한다. 우리는 레밍이 아니다.

세 번째는 학습 경험을 조직한다.

우리 부서의 목표에 맞는 학습 경험들을 선정했다면 이것을 통해서 효과적으로 변화가 일어날 수 있도록 학습 경험을 조직해야 한다. 학습 경험을 조직할 때는 학습 경험 간의 계속성, 계열성, 통합성을 고려해서 한다.

일련의 전체 과정 중에 학습 경험이 차지하는 위치를 선정한다. 설교문을 작성할 때도 글의 배열은 매우 중요하다. 같은 재료를 가지고도 요리사마다 다른 맛을 내듯이, 같은 글감을 가지고도 배열에 따라 다른 느낌의 글이 나오기 때문이다.

마지막 네 번째 단계는 학습 경험 평가다.

대부분의 사역자가 하지 않는 부분이다. 교육 목표를 설정하는 것만큼이나 평가가 매우 중요하다. 모든 사역자는 평가를 두려워한다. 하지만 사역자 스스로가 자신을 평가하지 않으면 다른 사람들로부터 좋은 평가를 받을 수가 없다.

균형 잡힌 건강한 평가를 통해 우리는 사역의 방향을 놓치지 않게 된다. 평가되지 않은 교육 과정은 발전 가능성이 없다. 그러므로 사역자는 평가를 위한 평가 기준과 도구를 만들어 자신의 사역을 지속해서 평가하고 미진한 부분을 발전시켜야 한다.

★6
언제 어디든 부르면 달려가라

나도움 목사

스탠드그라운드 대표
STAND(학교예배자연합) 섬김이
저서 『난 너의 도움이야』 외 다수

"그러므로 믿음은 들음에서 나며 들음은
그리스도의 말씀으로 말미암았느니라"

로마서 10:17

6

"요즘 애들 무서워"

"지혜 있는 자는 궁창의 빛과 같이 빛날 것이요 많은 사람을 옳은 데로 돌아오게 한 자는 별과 같이 영원토록 빛나리라"(다니엘 12:3).

지금 사역을 하는 이유가 무엇인가? 어떠한 계기로 사역을 하게 되었는가? 이유와 계기는 다양하다. 중요한 건 우리가 부름을 받았다는 확신이다. 우리는 한 사람을 맡은 사람으로서 수고하고 애써야 한다. 엄청난 사명감 때문이 아니더라도 한 사람을 맡은 사람으로서 현재 그 자리를 지킨다는 것만으로도 충분히 귀하다.

나는 나를 소개할 때, "학교에 교회를 세워 가는 사람", "거리, 시간 상관없이 불러 주면 가는 사람"이라고 말한다. 그렇게 살아가고 있고, 그런 사역을 하고 있다. 지금은 전국을 다니며 청소년과 청년들을 만난다.

나는 원래 내성적이고, 열등감이 많았다. 앞에 서는 것을 정말 싫어했다. 사역과는 참 어울리지 않는 사람이었다. 남도 나도 나를 그렇게 평가했다.

처음부터 어떤 사역과 어떤 일에 합당하고 어울리는 사람이 있을까? 처음부터 그럴 수는 없다. 지금은 청산유수 같이 말을 하고 리더십이 있다 해도 누구나 처음부터 그러지는 않았다. 그들도 보이지 않는 곳에서 눈물 흘리고, 하나님 앞에서 자신의 부족함을 토로하며 깊은 어둠의 밤을 보낸 적이 있던 사람들이다.

우리는 '한 사람'을 맡은 사명자로서 다음 세대를 잘 품고 싶어 한다. 그런 갈망이 없는데 지금 이 자리를 지키고 있을 리 만무하다. 요즘은 앞에 선 사람의 생각과 기대에 아이들이 반응해 주지 않는 시대다. 문자나 전화나 메시지를 보내도 무시한다. 카톡 메시지 1은 사라졌지만 답이 없다. 이런 무반응에 답답해하면서도 그 자리를 지켜야 하는 섬김이가 다음 세대 사역자다. 그렇기에 다음 세대 섬김이는 귀하다.

별명이 '은혜받은 꼴통'이던 광주광역시 출신 친구가 있다. 학창 시절부터 술, 담배는 기본이고 주먹 좀 쓰던 친구다. 예전 사진을 보면 '아니 이렇게 무섭게 생겼었나?' 싶을 정도다. 그런 그가 하나님을 만나고 변화되었다. 고등학교를 졸업하고 대학을 경호학과에 입학했다. 제대 이후 전과를 해서 사회복지학과로 졸업을 했다. 이후 신학대학원에 가서 신학을 전공하고 사역자가 되었다. 그런 인생의 굴곡과 역사를 가진 그가 나에게 말했다.

"도윤아, 요즘 애들이 무서워."

어릴 때 산전수전 다 겪었던, 그리고 주먹 좀 썼던 사람이 하는 말이 "요즘 애들이 무섭다"였다. 본인이 더 무섭게 생겼으면서 요즘 애들이 무섭다니. 하지만 그것은 그 친구의 진심이었다. 한때 놀던 친구도 요즘 애들이 무서운데, 나같이 조용하게 학창 시절을 보내고, 내성적인 데다 열등감까지 많은 사람이 요즘 애들이 얼마나 무서웠겠는가? 그 친구가 느끼는 감정 이상으로 무서웠다.

우리는 누구나 태어나서 초등학교, 중학교, 고등학교 시절을 보내고 여기까지 왔다. 그런데 어느 순간 잘 이해가 되지 않는 존재를 만나면, 막막하다. 어찌할 바를 모른다. 그 막막함과 당황스러움이 "요즘 애들 무섭다"는 말로 표현되는 것인지도 모르겠다.

나도 요즘 애들이 무섭고 두렵고 막막했다. 그럼에도 '역시 난 안 돼, 어쩔 수 없어'라며 포기하지 않았다. 포기할 만한 수많은 이유와 상황이 있겠지만, 중요한 건 포기하지 않는 것이다.

언제 처음 핸드폰을 써 보았는가? 이 질문에 대한 대답으로 그 사람의 나이를 어느 정도 가늠할 수 있다. 요즘 청년들은 대부분 십대에 이미 핸드폰을 쓰기 시작했다.

나는 수능이 끝나고 처음 써 봤다. 그 전까지는 핸드폰이라는 걸

쓰지 않았고 집 전화를 사용했다. 그때는 카카오톡 시대가 아니었다. 그저 문자만 주고받았다. 문제는 전화통화였다. 그 전까지 전화는 부모님과 가까운 친구한테 연락할 때나 사용했다. 핸드폰으로 누군가에게 전화한다는 게 영 어색하고 어려웠다. A부터 Z까지 어떻게 대화할지 적어 놓고 전화한 적도 있다. 메모해도 내 생각대로 대화가 되지 않을 때도 있다. 어느덧 전화를 끊고 '내가 무슨 말을 한 거지?'라며 이불을 뒤집어쓰고 자책했다. 그때는 참 어렵고 풀기 어려운 수학 문제 같았다.

그렇게 죽 쑤고 말아먹는 시간을 보내면서도 포기하지 않았다. 계속 전화하고 또 전화하다 보니 이제는 아주 편하게 누구와도 대화할 수 있게 되었다. 누구나 처음부터 잘할 수 없고, 누구나 흑역사가 있다. 그렇기에 나는 스스로 "이게 내 한계야. 어쩔 수 없어!"라고 단정하지 말자고 다짐했다.

어릴 적 MBTI(성격유형검사)를 하면 I형이었다. 내향성을 의미한다. 그중에서 성인군자형 말이다. 20대 후반까지도 나는 오랫동안 성인군자형이었다. 그런데 시간이 지난 지금은 E형, 외향성으로 바뀌었고, 스파크형이 되었다.

당장 변하지 않는다고, 당장 어렵다고 평생 어려운 것은 아니다. 은혜받은 꼴통이던 친구는 한때 좀 놀았고 반항도 했으니 요즘 아이들과 소통하기 쉬운 기질을 가졌을지 모르나 그 역시 다음 세대 사역을 어려워했다. 그는 "요즘 애들 무서워"라고 말한 이후로도 다가가지 못해서 여전히 어려워하고 있다.

하지만 나는 "요즘 애들 무서워"라고 느꼈지만 '그래서 안 돼!'가 아니라 '그렇지만 포기하지 않을 거야!' 하고 계속 아이들에게 다가가고 소통하다 보니 이제는 처음 만나는 아이들한테도 어색하거나 어렵지 않게 다가갈 수 있게 되었다.

내가 좋아하는 말 중에 이런 말이 있다.

"쓰라. 쓰지 않으면 쓸 수 없다!"

"하라, 하지 않으면 할 수 없다!"

"가라! 가지 않으면 갈 수 없다!"

여전히 힘들고 버겁고 어렵지만 포기하지 말자! 한 사람을 품을 수 있는 첫 번째 이야기를 나누려고 한다.

결과 중심을 넘어서 관계 중심으로

지금까지 한국 교회는 결과에 상당히 치중해 왔다. 물론 노력하면 그만큼의 결실을 보았다. 그러나 1970~1980년대의 성장기를 지나 1997년 IMF 이후 한국 교회는 매우 어려워졌다. 정체기를 넘어서 후퇴기에 접어들었다. 그런 중에도 여전히 성장하는 소수의 교회가 있다. 거기에 도전받는 교회도 있지만 대부분은 자괴감을 느낀다.

물론 숫자적인 부흥이 나쁜 것은 아니며 그것은 은혜다. 그러나 결과만 중시하던 한국 교회의 토양에서 다시 한 번 중요한 본질을 보게 된다. 그것은 바로 '결과 중심을 넘어 관계 중심'으로의 유턴이다.

결과도 중요하고 관계도 중요하다. 한때 결과만 바라보고 집중했다면 이제는 다시 '관계'의 중요성에 집중하게 되었다. 그 관계의 중요함을 말해 주는 멋진 말이 있다.

"사람은 좋은 말 듣지 않아, 좋아하는 사람 말 듣지."

원래 이 말은 '청소년은 좋은 말 듣지 않아, 좋아하는 사람 말 듣지'이다. 청소년만 그런가? 아니다. 사람이라면 단순히 좋은 말이라고 듣지 않는다. 처음엔 '아 좋네! 괜찮네!' 할 수 있다. 그런데 한번 생각해 보자. 아무리 말을 잘해도 그를 별로 신뢰하지 않거나 나와 관계가 안 좋은 사람이라면 뭐라고 하는가? "저 사람은 말만 잘해, 말과 글은 청산유수인데 별로야" 하며 그의 말을 귀담아듣지 않게 된다.

반대의 경우는 어떨까? 어떤 사람이 말을 좀 막하는 경향이 있지만 나와는 좋은 관계를 맺고 있다면 어떻게 말하는가? "저 사람이 말은 저렇게 해도 본래 나쁜 사람은 아냐. 마음은 따뜻한 사람이야."

좋은 말, 좋은 내용도 중요하지만 더 중요한 것은 관계다. 비슷한 말이 한 웹툰에서 나온 적이 있다.

"사람은 옳은 사람 말 듣지 않아, 좋은 사람 말 듣지."

때로 직언을 해야 할 때도 있고, 때로 쉽지 않지만 찔리는 말을 해야 할 때도 있다. 그러나 관계가 형성되지 않은 상태에서 직언은 상처가 되거나 잔소리가 될 뿐이다. 서로 잘 아는 사이라도 말해서 들을까

말까인데 그게 아닐 때는 자중할 필요가 있다. 결국 좋은 관계 맺기가 관건이다. 그때 비로소 메시지가 전달된다.

사역자나 교사들은 맡겨진 아이들과 친밀해지고 싶으나 그 방법을 몰라서 고민이 많다. 어떻게 하면 좀 더 관계를 편하게 만들어 갈 수 있을까? 친밀해지는 좋은 팁이 없을까?

인간이 동물과 다른 점은 무엇일까? 여러 가지가 있겠지만 그중 하나가 인간은 도구를 쓰는 존재라는 것이다. 원숭이도 도구를 사용하지만 인간처럼 고도의 도구를 사용하지는 못한다. 좋은 관계를 만들기 위한 도구 몇 가지를 말해 보고자 한다.

먼저, '큐큐 카드'라는 것이 있다. 큐큐(QQ)는 영어 약자다. Question(질문)과 Quest(임무)의 앞 자를 따서 만든 용어다. 그러니까 큐큐 카드는 질문 소통 카드다.

인스타그램으로 먼저 대화하고 싶다고 연락을 줘서 만나게 된 학생들과 큐큐 카드를 나눈 적이 있다. 카페와 돌아가는 지하철 안에서 큐큐 카드로 40여 분 대화를 나누었는데, 그때 아이들이 뽑은 카드 중 하나가 이것이다.

'소중한 사람에게 사랑한다고 말하기.'

그 학생이 물었다.

"지금 당장 해야 하는 거예요?"

"응! 지금 하면 돼! 누구한테 할래?"

(아이들이 누군가에게 전화한다.)

"사랑한다, 민지야."

"안녕! 사랑해, 알지?"

(통화를 마친 후)

"누구한테 사랑한다고 말했니?"

"친구한테 말했어요!"

"참 고마운 친구가 있는데요. 그래서 말해 주고 싶었어요."

"엄마 아빠한테 사랑한다고 말하지 그랬니?"

"좀… 오그라들어서요!"

"사랑하는데 괜히 말하는 게 어색해서요…."

"그치? 나도 그랬는데! 엄마가 하도 사랑해, 라고 말하라고 시켜서 하다 보니 이제는 편하게 말할 수 있게 되더라. 한번 엄마 아빠한테 전화해 볼래?"

"전화는 아직 어색하고요. 문자 보내도 될까요?"

"응! 그래, 그럼 문자 보내 봐."

"엄마 사랑해요!!"(문자로 보냄)

헤어지고 나서 아이들한테 문자가 왔다.

"오늘 정말 마음이 따뜻한 시간이었어요."

이 아이의 말 한마디로 내 마음이 훈훈해졌다. 또 다른 한 친구가 돌아가는 길에 카톡을 보내왔다.

"정말 뵙고 싶었는데 부산까지 찾아와 주시구 ㅜㅜㅜ 진짜 감사해요!! 덕분에 제 친구도 많이 도움받고 위로받은 거 같아요. 사실 제

친구가 지금 많이 힘들어하고 있었는데 나도움 목사님 좋아해서 힘 주고 싶어서 그랬어욤. 히히 감사합니당!! 기도 모임도 열심히 잘 이끌어 갈게요! 사역을 위해서도 기도할게요. 안녕히 집 가세요:)"

우리가 아이들한테 하는 질문은 대개 뻔한 내용일 때가 많다. 대개 열린 질문보다 닫힌 질문이다. "요즘 어떻게 지내?" "한 주 동안 어찌 지냈니?" "별일은 없었고?" 이런 질문 이상으로 대화하기가 어렵다. 질문다운 질문을 하기 어려운 게 우리의 현실인 것이다.

마음으로는 아이들과 깊은 대화, 즐거운 소통을 하고 싶은데 현실의 벽이 생각보다 높다고 느껴질 때가 많다. 자책하지 말고 이런 도구들을 사용해 친밀한 관계를 만들어 가면 좋겠다.

큐큐 카드는 사람과 사람이 만났을 때, 대화를 할 때 유용한 툴이 있으면 좋겠다 싶어 만든 것이다. 총 54장으로 구성되어 있는데 질문과 미션이 결합된 소통 방법이다. 몇 가지 소개해 보겠다.

- 요즘 내가 깊이 생각하는 것은 무엇?
- 나에게 행복감을 주는 음식은?
- 흑역사인 줄 알았는데, 지금 보니 내 인생에 없어서는 안 되는 사건은?
- 내가 가지고 있는 것 중 잃고 싶지 않은 것 두 가지는?
- 나만의 스트레스 해소법은?
- 다 함께 일어나서 PT 5번 하기.
- 다 함께 옆 사람과 가위바위보 해서 진 사람이 이긴 사람을 간지럼 태우기.

아이들은 놀이를 좋아한다. 큐큐 카드는 놀이하듯이 즐겁게 소통하는 기회를 제공한다.

하나 더 소개하려고 한다. CCC(한국대학생선교회)에서 만든 '솔라리움'이라는 도구다. CCC는 4영리, 최근에는 4POINT라고 하는 네 가지 핵심 내용을 암기해서 전도하는 도구를 사용했다. 한때는 이런 도구들이 매우 유용했다. 주입식이고 일방적인 전도 방식이 통하던 때가 있었다. 하지만 지금은 통하지 않는다. 주입식 전도 방식은 이제 폭력적으로까지 느껴진다. '이 사람이 전도하려고 말 거는구나'라고 생각되면 사람들은 피해 버린다. 이단의 난립도 이 방식을 기피하는 이유가 되기도 했다.

물론 우리는 이 시대를 본받지 말고 오직 마음을 새롭게 함으로 변화를 받아 하나님의 선하시고 기뻐하시고 온전하신 뜻이 무엇인지 분별해야 한다. 시대와 사람을 탓하며 할 수 없다고 말해서는 안 된다. 때를 얻든지 못 얻든지 너는 말씀을 전파하라는 말씀을 따라 전도해야 한다. 복음을 전해야 한다.

그런데 지혜가 필요하다. 단순히 암기해서 일방적으로 전해선 아무도 듣지 않으니 CCC에서 만든 새로운 전도 도구가 '솔라리움'이다. 전도 도구로서뿐만 아니라 서로 소통하고 교제하는 데도 유용한 도구다.

하루는 맥도날드에서 우연히 한 학생을 만나 너무 반가워 물었다. "요즘 어떻게 지내니?" 뻔한 질문이지만 정말 궁금해서 물어본 것이었다. 그런데 이 친구 대답이 "저 오늘 말하고 싶지 않아요"였다. 순간 당황했지만 나는 이렇게 말했다.

"아 그래? 알겠어! 그럼 이거나 할래?" 하면서 조용히 솔라리움을 꺼냈다. 솔라리움은 케이스 안에 50장의 다양한 사진들이 담겨 있는 카드다. 50상의 카드를 책상에 펼친 뒤 솔라리움의 기본 질문을 던졌다.

솔라리움의 기본 질문은 세 가지인데, 첫째가 "요즘 너의 근황, 일상, 모습을 나타내는 것 같은 사진 세 가지를 뽑아 볼래?"이다. 상대방이 사진을 뽑으면 "이 사진은 왜 뽑은 거니? 저 카드는 왜 뽑은 거니? 이 사진을 보니 어떤 마음이 떠오른 거니?" 하면서 사진을 매개로 상대방의 생각을 나누도록 끌어낸다.

둘째는 "너의 꿈, 너의 바람, 소망을 나타내는 것 같은 사진을 뽑아 볼래?"이다. 역시 왜 그 카드를 뽑았는지 질문하며 대화를 유도한다.

셋째는 "너에게 하나님은 어떤 분이시니? 너는 교회에 대해서, 하나님에 대해서, 종교에 대해서 어떻게 생각하니?" 역시 사진을 뽑은 이유를 묻고 대화를 나눈다.

그렇게 그 아이와 솔라리움을 가지고 질문하다 보니 어느새 50분이 훌쩍 넘었다. 뒤늦게 상황을 파악한 아이가 이렇게 말했다.

"헐… 오늘 말 안 하려고 했는데… 낚였다!"

그러면서 한마디를 더 했다.

"이거 얼마예요? 구입하고 싶어요!"

학교에서 쉬는 시간이나 점심시간에 친구들이랑 해보고 싶다는 것이었다. 그런 식으로 솔라리움 카드를 받아 간 친구들 중에 한 아이가 연락을 했다.

"진짜 신기하고 놀라운 일이 있었어요!"

친구들과 점심시간에 솔라리움을 펴고 이야기를 나누는데 다른 친구들도 하나둘 모여들더란다. 첫 번째 질문, 두 번째 질문을 나눈 뒤에 세 번째 질문에서 자신이 만난 하나님을 나누는데 그때까지도 자리를 뜨지 않고 지키고 있던 친구들이 이렇게 말했다고 한다.

"아… 그래서 네가 교회라는 곳을 다니는 거야?"

"그런 이유로 네가 하나님이란 분을 믿게 된 거야?"

"나도 한번 다녀 보고 싶다."

관계 맺음은 시간과 인내와 자연스러움이 필요하다. 단순히 주입하듯이, 암기과목 외우듯이 해선 안 된다. 과연 어떻게 해야 마음을 자연스럽게 전할 수 있을까?

한 청년의 이야기를 나누려고 한다. 이름은 우태균이다. 이 청년은 평범하게 직장생활을 하고 있고 최근에 결혼도 했다. 대학 졸업 후 인테리어 쪽 일을 하면서 문득 이런 마음이 들었다고 했다.

"사람들에게 복음을 전하고 싶다! 하나님을 나누고 싶다!"

그렇다고 신학을 하겠다거나 사역자가 되겠다는 건 아니었다. 한 선교단체 출신으로 기존의 방식과 다른 방식으로 전도하고 싶어서 고민하다가 지금은 다음과 같은 방식으로 그 마음을 나누고 있다.

경기도 구리에 살고 있는 청년은 주말이면 구리광장에 부스를 설치하는데, 그 작은 부스에는 이런 플래카드가 걸려 있다.

"사랑하는 사람에게 복음을 선물하세요!"

지난 5월에는 이런 문구가 적혀 있었다.

"사랑하는 부모님께 복음을 선물하세요!"

그럼 어떤 방식으로 복음을 선물하는가? 바로 돌을 통해서다. 돌로 복음을 전한다고? 돌로 전도한다고? 그는 돌에다 성경 말씀을 적어서 나눠 주고 있다. 돌에다 말씀을 새겨서 주는 게 얼마나 대단하겠는가? 그런데 놀랍게도 사람들은 신기하게 여기며 다가왔다. 익숙한 성경 말씀에 사랑하는 사람의 이름을 새겨서 선물했다.

"아빠께 능력 주시는 자 안에서 아빠는 모든 것을 할 수 있습니다"(빌립보서 4:13).

"주현이는 먼저 그의 나라와 그의 의를 구하라"(마태복음 6:33).

"무릇 지킬 만한 것보다 더욱 재영이의 마음을 지키라"(잠언 4:23).

한 청년에게 너무나 사랑하고 아끼는 친구가 있었다. 그런데 그 친구는 기독교의 'ㄱ'자 만 꺼내도 싫어했다. 여러 번 전도를 시도했지만 번번이 거절당했다. 한번은 조심스럽게 건넨 전도지를 그 자리에서 찢어 버리기도 했다. 고민이 깊던 청년이 돌에 말씀을 새겨서 나눔을 하는 현장을 보게 되었고 그 친구를 위해 말씀을 새겼다.

그리고 두렵고 떨리는 마음으로 돌을 손에 들고 소중한 친구를 만나러 갔다. "야! 이게 뭐야? 지금 장난해?" 하면서 돌을 던져 버리지 않을까 걱정하며 건넸는데 친구는 "고마워! 이거 좋다!" 하면서 그 돌을 눈에 띄는 장소에 두며 좋아했다. 그러면서 그 친구가 이렇게 말했다.

"전도지는 찌라시(광고지) 같았는데, 이것은 나를 위해 준비한 특별한 선물 같아서 감동이야."

어쩌면 우리는 누군가에게 마음을, 진심을 전한다고 하면서 '광고지 따위를 전하는 것 같은 느낌으로 다가가진 않았나?' 하는 반성을 하게 된다. 상대방이 나의 진심을 온전히 느낄 수 없다면 나의 진심 어린 수고는 헛된 것이 되는 걸까?

그렇지 않다! 그 모든 수고와 애씀은 절대 헛되지 않다. "어머니가 자녀를 위해 흘린 눈물은 결코 그냥 흘러가지 않는다"는 말처럼 한 사람을 향한 마음으로 애쓰는 모든 수고는 절대 헛되지 않다.

종교개혁자 마르틴 루터는 이런 말을 남겼다.

"이웃에게 그리스도가 되는 것이 모든 그리스도인의 의무다."

우리에게는 많은 이웃이 있다. 가까운 가족부터, 친구, 친척, 이웃 사촌 등 많은 관계를 맺고 산다. 그 이웃에게 복음을 전하고, 그가 하나님을 만나기 원한다면 우리가 그들에게 그리스도가 되어 주는 것이 중요하다. 아직 여전히 부족하지만 그럼에도 믿는 사람으로서 누군가에게 예수님처럼 살아 내는 모습을 보여 주는 것이 필요하다. 이

때 지혜가 필요하다. 예수님을 모르는 사람이 예수님을 만나게 하는 방법을 고민해야 하는 것이다.

한 사람을 품을 수 있는 두 번째 이야기를 나누려고 한다.

한 사람의 진심

지금 우리가 하나님을 믿게 된 것은 우리가 잘나서, 원래 믿음이 좋아서가 아니다. 누군가가 복음을 전했고, 그것이 심기고 자라는 시간을 통해 믿음을 갖게 되었다.

과거 Olleh KT 광고에도 나왔고 분홍색 커피 트럭을 끌고 전국을 다니며 카페 여행을 하던 김현두라는 분이 있다. 지금은 고향인 전라북도 진안에서 90년 된 한옥을 개조해 카페 153을 운영하고 있다. 이 분은 원래 예수님을 믿는 분이 아니었다. 그의 어머니도 하나님을 믿지 않았다. 그런 그가 지금은 신실한 그리스도인이 되었다. 그는 어떻게 예수님을 믿게 되었을까?

다른 종교를 믿던 어머니가 암에 걸리자 용하다는 의원을 찾아다니고 갖은 수를 다 써 보다가 우연히 어떤 사람에게 이런 말을 들었다. "교회 가면 죽을병도 낫는다." 그렇게 어머니는 교회에 나가게 되었고 예수님을 영접할 수 있었다. 어머니는 암을 치료받았을까? 안타깝게도 어머니는 1년간 암 투병하다가 하늘나라로 가셨다.

그런데 이분이 어머니가 돌아가신 뒤 교회에 나가기 시작했다. 이런 식의 기도 응답을 바랐던 게 절대 아닐 터인데, 그는 왜 뒤늦게 교회에 나간 것일까?

"그들에게 우리 엄마는 남인데, 날마다 집사님, 권사님들이 찾아와서 기도해 주시고, 관심 가져 주시는 모습이 나에게 큰 감동을 주었다. 그것이 너무 감사해서 교회에 나가게 되었고 예수님을 믿게 되었다."

이분에게 믿음이 들어오게 된 계기는 어머니를 향한 성도들의 섬김과 사랑이었다. 어머니가 예수님을 믿더니 병이 나았다는 기막힌 기도 응답이 그를 믿음으로 이끈 게 아니었다. 내가 원하는 방식대로 응답되어야만 감동을 일으키는 것이 아니다. 시간이 걸리더라도 마음과 마음이 통할 때, 바로 진심이 전달될 때 한 영혼이 살아난다.

청소년 사역자 김보성 목사님은 현재 용인 향상교회 청소년부를 맡고 계시다. 이분은 모태신앙인이 아니다. 어릴 때 친구 따라 교회 갔다가 중학생 즈음에는 재미가 없어서 교회에 나가지 않았다. 그렇게 한 달쯤 지난 어느 날, 하늘에서 비가 주룩주룩 내렸다. 지나가는 소나기인 줄 알고 학교 건물에서 그치기를 기다렸다. 하지만 멈출 기미가 보이지 않자 친구와 함께 가방을 머리에 이고 달리기 시작했다. 그런데 정문 앞에 어디서 많이 본 듯한 사람이 비를 맞고 서 있었다. 바로 교회 선생님이었다.

"오랜만이지? 우리 뭐 좀 먹을래?"

선생님은 친구와 함께 근처 분식집으로 데려가더니 "먹고 싶은 거 마음껏 먹어라" 하고는 이것저것 시켜 주었다. 그러고는 "그냥 생각나서 왔다" 하더니 헤어지기 전에도 다른 말 없이 "보고 싶어서 만나러 왔다" 할 뿐이었다. 그렇게 뒤돌아가는 선생님의 모습을 보면서 마음이 뭉클해서 옆에 있던 친구에게 "야, 저분 멋있지 않냐? 우리도 저분처럼 살자!" 하고 말했다.

  그때 선생님의 심방이 오늘 김보성 목사님을 있게 했다. 김보성 목사님은 그때의 마음을 품고 지금도 전국의 아이들을 만나러 다닌다. 자신이 하나님을 떠나려다 그 한 사람의 열심으로 예수님을 만났기에 한 영혼도 포기할 수 없는 것이다.

  "사람은 누군가의 가슴에 나무를 심는다." 그 사람은 자신이 그런 흔적, 그런 나무를 심은 줄 모르지만, 그 사람의 헌신과 수고, 희생이 교회를 세워 가고 한 영혼을 살아나게 한다. 그렇기에 우리는 아이들을 만나러 가야 한다. 학교든 학원이든 어디든. 그것이 한 영혼을 살리는 길이다.

  하루 중 새벽에 아이들에게 연락이 자주 온다. 아마 학교 야간자율학습 끝나고, 학원 끝나고 집에 오면 새벽이라서 그런 모양이다. 집엔 거의 잠만 자러 온다는 말이 맞을 것이다.

  "주무세요?"

  아이들은 주로 내게 말을 건넬 때 이렇게 묻는다. 그런데 내가 정말 자고 있는지 궁금해서 묻는 질문일까? 그럴 수도 있지만, 대개는 할 말이 있다는 신호다. 내 말을 들어 달라는 것이다.

"무슨 일이니?"

"사실 제가 고민이 있는데요. 드릴 말씀이 있어서요."

이야기를 들어 보니 이런 내용이었다. 아빠가 술 먹고 들어오면 부부싸움을 하고, 자기와 동생들에게 화풀이를 한다는 것이다. 때린다든지, 폭언을 일삼는다든지, 쟁반을 던진다든지…. 잠잠히 들어줬다. 그리고 얼마나 고생이 많은지, 얼마나 힘들지 공감하는 시간을 가졌다. 사실 무슨 말을 하기가 어려웠다. 힘내! 라고 말할 수 있을까? 힘낼 수 없는데? 좀만 참으라고 말할 수 있을까? 참을 수 없는데? 괜찮아? 라고 말할 수 있을까? 이미 괜찮지 않은데? 무수한 말을 할 수는 있지만, 그 아이에게 어떤 말도 위로가 되지 않을 거라는 생각이 들어서 그저 가만히 듣기만 했다. 그리고 이 말밖에 할 말이 없었다.

"언제든지 연락해. 언제든지 연락받아 줄게!"

이 말을 듣고 그 아이가 나에게 뭐라고 말했는지 아는가?

"진짜요? 정말요? 그래도 돼요?"

더 마음이 아팠다.

쉽지 않은 오늘이지만, 누군가 옆에 있어 주고 함께해 주기에 오늘도 살아내는 사람들이 있다. 항상 느끼는 것이지만, 사람은 엄청난 말과 대단한 말에 감동을 받고 힘을 얻는 것이 아니다. 작은 말 같으나 그 마음이 전달될 때 살아나고 힘을 얻는다.

김보성 목사님을 찾아갔던 주일학교 선생님의 말 한마디, 새벽에 연락을 해온 한 아이에게 내가 한 말, 그 한마디가 아무것도 아닌 것 같지만, 그것이 심기면 한 사람이 살아날 수 있다. 사람을 살리는 것은 마음을 나누는 말 한마디면 충분할 수 있다. 성경 말씀 중에 이런 말씀이 있다.

"그러므로 믿음은 들음에서 나며 들음은 그리스도의 말씀으로 말미암았느니라"(로마서 10:17).

이 말씀의 핵심은 '믿음은 그리스도의 말씀'으로 말미암는다는 것이다. 다만 나는 이 의미와 더불어 믿음은 '들음'에서 난다는 것에 좀 더 포커스를 두고 이야기하고 싶다. 그리스도의 말씀 자체가 능력이 있지만, 그 말씀이 '들려지지 않는다면' 어떻게 믿음이 사람들 안에 생기겠는가? 들려지게 하는 게 중요하다.

최근에 팀 켈러(Timothy J. Keller) 목사님이 한국에 오셨다. 가장 세속화된 도시인 뉴욕 맨해튼에서 교회를 개척해서 'GOSPEL Change Everything'(복음이 모든 것을 바꾼다)이라는 믿음을 직접 실험하고 또 그것이 가능하다는 것을 보여 준 분이다.

그분이 한국에 와서 목회자들을 대상으로 한 첫 강의 제목이 '포스트모더니즘 시대와 설교'였다. '이런 건 신학교 다닐 때 익히 배운 것인데 또 들어야 하나' 싶었는데 직접 듣고 보니 내 생각이 틀렸음을 알았다. 그중에서 마음에 와 닿았던 몇 가지를 소개하려 한다.

첫째, 포스트모더니즘 시대의 사람들이 원하는 것은 진정성이지 억지로 감동을 이끌어 내는 연기나 쇼가 아니다. 과거 로마가톨릭이 라틴어를 쓰면서 교회 밖의 사람들을 배제시켰던 것처럼 하지 말라. 단순하고 진정성 있게 다가가는 말, 사람들과 쉽게 통용되는 언어를 써라.

둘째, "성경과 더불어 안 믿는 이들이 존경하는 인물을 인용해라." 바로 이 부분이 개인적으로 기억에 많이 남는다. 우리는 성경이 뭐라고 말하는지 반드시 이야기해야 하지만, 동시에 안 믿는 사람들이 존경하는 사람의 말을 인용하거나 사용해서 우리가 말하고자 하는 바를 납득시키려 노력해야 한다.

어떤 그룹이든 작가, 배우, 강연자 등 그들이 존경하는 사람들이 있다. 사도행전 17장에서 사도 바울도 다신론을 믿는 당시 철학자들에게 이런 방식으로 말하고 있다.

팀 켈러 목사님은 마틴 루터 킹 목사가 말한 모든 것을 수용하진 않지만, 믿지 않는 사람들에게 말할 때 그의 말을 인용한다. 가령 성경이 이렇게 말했는데 킹 목사도 같은 이야기를 했다고 인용함으로써, 설득의 효과를 극대화하는 것이다.

우리에게는 성경이 권위 있고 진리임에 분명하지만, 안 믿는 이들에게 성경은 그저 과거의 한 책일 뿐이다. 진리로 와 닿지 않는다. 그런 이들에게 성경 말씀은 진리로 온전히 전달되지 못한다. 한편, 사람은 누구나 자신에게 권위자가 있다. 작가, 배우, 연예인, 운동선수, 부모님 등 그가 한 말이면 무조건 수긍이 되는 존재가 있는 것이다. 그런 사람의 말을 인용해서 성경 말씀을 전하면 말씀이 귀에 들린다.

다시 한 번 정리하면 이렇다. 믿지 않는 이들에게 설교할 때, 성경만 인용하는 것이 아니라 그들이 존경하고 존중하는 인물의 말들을 인용하면 내가 전하고자 하는 메시지를 설득력 있게 전할 수 있다. 포스트모던 시대에 믿지 않는 이들과 대화할 때 그들의 생각에 대해 관심을 기울이고 자비롭게 대해야 한다. 이 시대를 살아가는 우리가 참고하고 귀담아들어야 하는 이야기다.

나비효과

나비효과는 중국에서 나비가 날갯짓하면 반대편 미국에서 허리케인이 일어날 수도 있다는 의미에서 나온 말이다. 이 말을 나누었더니 한 청소년이 그런다. "그게 말이 돼요?" 그렇다. 정말 말이 되는 것 같지 않다. 하지만 단순히 허구이거나 거짓말은 아니다. 우리 현실을 보면 나비효과라 할 만한 일들이 비일비재하게 일어나고 있기 때문이다.

어쩌면 나의 삶도 나비효과의 결과라는 생각이 든다. 전혀 생각지 않은 걸음이 지금까지 오게 했다. 처음부터 이런 삶을 살 것을 꿈꾼 것도 아니고, 이렇게 사역하는 것이 비전이었거나 꿈도 아니었다. 주변을 보면 정말 귀하다, 아름답다, 어떻게 저런 사역을 지속해서 할 수 있지, 하고 궁금증을 자아내는 분들이 있다.

"지금 하는 사역들이 원래 꿈이었나요? 비전이었나요?"

이 질문에 답한 사람들이 있다. 학교 밖 청소년, 청년 사역으로 알려진 이요셉 목사님, 분당 대형교회에서 잘 사역하다가 현재 의정부에서 PC방, 노래방 교회라 불리는 청소년들을 위한 교회를 개척한 전웅제 목사님, 온양 한올고의 교목으로서 채플을 축제로 만든 이성재 목사님 그리고 나까지 이렇게 네 사람이 같은 질문을 받았다.

어떤 대답을 했을까?

"한 번도 지금의 길을 걸어갈 것이라고 생각해 본 적이 없다."

네 사람 모두 동일한 대답을 했다. 이요셉 목사님은 새벽에 담임목사님이 전화를 해서 교회에 이상한 애들이 들어와서 자고 있으니 쫓아내라는 말을 듣고 갔다가 그냥 보내기 뭐해서 국밥까지 사 먹여 보냈다. 그리고 그것이 계기가 되어 길거리 청소년들을 만나기 시작했다. 이성재 목사님은 지금 사역하고 있는 학교에 처음 부임했을 때, 교목실장님이 "자네는 교목이 되기 위해 얼마나 준비했는가?"라고 질문했을 때, "교목이 되겠다고 준비를 해본 적이 없다"고 대답했다.

나 역시 그렇다. 학교 사역을 하겠다고 꿈꾼 적도 없고, 청소년 사역을 비전으로 삼은 적도 없다. 작은 만남, 어릴 적 추억, 친구들 따라서 얼떨결에 함께하게 된 단체에서 여러 청소년들을 만난 것이 시작이었다. 여러 집회나 캠프들을 섬기게 되었고, 이런저런 경험들을 하다 보니 자연스럽게 지금까지 오게 되었다.

과거 한 시기에 유행처럼 번졌던 말이 있다.

"10대에 꿈을 꾸고, 20대에 준비해서, 30대에 영향력을 발휘하는 사람이 돼라."

멋진 말이다. 누군가에게는 가슴을 흔들어 인생의 좌우명이 된 말이기도 하다. 그런데 과연 그렇게만 하나님이 인도하시는가? 모든 이들이 10대에 꿈을 꾸고 20대에 준비해서 30대에 영향력을 발휘하는 인생을 살고 있는가? 꼭 그렇지 않다.

오히려 요즘 10대들은 꿈이 없다. 20대는 아무 생각 없이 살다가 좀 늦은 나이에 하나님을 만난다. 그리고 뒤늦게 꿈이 생겨서 늦은 나이에 삶의 작은 영역에서 작지만 아름다운 향기를 발하는 인생을 사는 경우가 태반이다. 고지에 올라가는 것이 정답은 아니다. 남보다 늦다고, 좀 돌아간다고 영원히 그런 것은 아니다.

하나님은 인간에게 손을 주셨지만, 사람마다 지문을 다르게 주셨듯이, 각 사람은 자기만의 삶이 있고 이끄심도 다르다. 모두가 빛이 될 수 없다. 누군가는 없어서는 안 되는 존재이지만 필요 이상으로 주목받지 못한 채 세상을 떠날 수도 있다. 누가 알아주든 아니든 그 자리를 지키는 것이야말로 대단한 것이다.

내가 학교 사역을 어떻게 시작했는지는 나의 책 『비전, 고민이 뭐니?』에 자세히 설명해 놓았다. 참고하면 좋을 것 같다. 대단한 이유가 없다. 어릴 적 추억과 작은 마음으로 기도한 것이 디딤돌이 되어 오늘을 살게 됐다.

2012년 "거리와 시간에 상관없이 불러 주면 가겠습니다"라고 기도하며 시작한 일이 어느덧 9년이 지나고 있다. 큰 비전이나 대단한 목적을 가지고 시작한 일이 아니다. 다만 한 사람, 한 영혼에 대한 마음으로 버텼을 뿐이다.

누군가 나에게 말했다. "내가 다른 것보다 나도움이라는 사람을 좋게 평가하는 것은 다름이 아닌 예전부터 지금까지 6년 이상 그 자리를 지키고 있기 때문입니다."

누구나 잠시, 일시적으로는 무언가를 할 수 있다. 그러나 그 자리를 지속적으로 지키는 것은 별것 아닌 것 같아도 가장 큰 능력이다. 나도 이것이 능력이라고 생각하지 않았다. 버티는 것은 그냥 버티는 것, 그 자리를 지키는 것은 그저 자리를 지키는 것이라고 생각했다. 하지만 지금은 버티는 힘이 능력이라는 말에 전적으로 동의한다.

무슨 일을 하든 시간이 흐르는 동안 어려움이 생기고 쉽지 않은 상황들이 닥치게 된다. 그때 어떻게 반응하느냐가 관건이다. 여기에서 진짜와 가짜가 판가름 난다.

성경에도 참 선지자와 거짓 선지자를 구분하는 방법이 나온다. 그것은 단순히 말을 잘하고, 감동을 주고, 눈물 흘리게 하는 능력에 있지 않다. 그가 한 말대로 삶에서 구현되느냐, 그것이 참과 거짓을 구별하는 기준이다. 나는 가면이 아닌, 연기가 아닌 진짜로 살고 싶다. 그래서 말만 번지르르한 사람이 되는 걸 가장 경계한다.

"너의 삶을 응원해"

"청소년들은 좋은 말 듣지 않아. 좋아하는 사람 말 듣지."
위에서도 언급했지만 내가 청소년들을 만나면서 항상 되뇌는 말 중 하나다. 나에게는 청소년 사역의 좌우명과 같은 말이다.
얼마 전 한 아이한테서 카톡이 왔다.
"선생님은 정말 좋은 분이에요! 대한민국에 쌤 같은 사람만 존재했으면 좋겠어요. 항상 감사합니다."
이 아이의 말이 하루 종일 이리 뛰고 저리 뛰느라 지친 내게 큰 위로와 힘이 되었다. 이런 말 들으려고 아이들을 만난 건 아니지만 생각지도 못한 격찬을 듣고 나면 얼마나 감동이 되는지, 얼마나 감사한지 모른다. 그래서 이렇게 답장을 보냈다.
"그렇게 생각해 줘서 고맙고 그 말대로 살아가도록 노력할게."
"지금도 충분해요!!♥"
지금도 충분하다니, 얼마나 감동적인 말인가. 사실 이 말은 내가 아이들에게 자주 하는 말이다.
"지금도 충분해! 지금도 충분히 잘하고 있어!"
제주도에서 고등학생 자녀를 둔 작가분이 내게 이런 질문을 한 적이 있다.
"요즘 아이들은 어떤 생각을 하고 사나요? 그리고 아이들에게 어떤 이야기를 해주시나요?"

"딱 그 나이에 걸맞은 고민, 문제를 이야기해요. 다만 저는 어떤 이야기를 해주기보다 우선 들어요. 그냥 들어요. 듣다 보면 '아! 요즘 이런 고민을 하는구나. 아! 요즘 이게 이 친구의 문제구나. 아, 이게 이 아이의 관심 분야구나' 알게 돼요."

아이들 표현대로 꼰대처럼 이래라저래라 하지 않는다. 우선 그냥 듣는다. 듣기 거북한 이야기를 해도 "무슨 소리야?" 하지 않는다. 다 듣고 나면 아이들은 뜻밖에도 감사하다고 말한다. 자신의 이야기를 들어줘서 고맙다는 것이다.

결국 아이들에게 좋은 사람이 된다는 것은 좋은 말을 해주는 게 아니라 그들의 이야기를 진심으로 듣고 그들과 함께하는 것이다. 그것이 하루하루 버거운 청소년, 청년들에게 정말 필요한 '좋은 사람이 되는 길'이다.

늦은 밤 아이들로부터 연락을 받곤 한다. 잠 못 이루는 밤을 보내다가 속이야기를 꺼내 놓는 것이다. 얼마 전에도 한 고등학생한테 메시지를 받았다.

"목사님… 저 칭찬 한마디 해줄 수 있으세요?"

성적이 생각만큼 나오지 않으니 마음이 많이 부대꼈던 모양이다. 나는 그 친구에게 이렇게 말해 줬다.

"넌 무엇보다 가치 있는 사람이야. 넌 이미 충분해."

"정말요? ㅜㅜ 감사합니다 ㅜ 사실… 지금 너무 힘들어요ㅜㅜ 바쁘고… ㅜㅜ"

"언제든 연락해. 난 너를 언제나 응원해."

"넹, 정말 감사해요!"

또 다른 친구한테서도 이런 문자가 왔다.

"저… 고민고민하다가 연락드렸어요… 이런이런 문제들이 있어요….".

"진작에 연락하지 그랬니?"

"말씀드리고 싶었는데, 짐이 될까 봐 죄송해서… 이제야… 연락드렸어요….".

"아냐 잘했어! 지금이라도 말해 줘서 고마워."

"너무 답답한데… 쌤은 들어주실 것 같았어요."

의도한 건 아니지만 지난 15년 이상을 청소년들과 만나고 함께하면서 깨닫는 것은, 수많은 말보다 진심 어린 한마디의 응원이 사람을 살린다는 것이다. 진심으로 귀를 열어 들어주는 한 사람만 있어도, 그 곁을 지켜 주는 한 사람만 있어도 사람은 죽지 않는다. 아무리 힘든 현실이라도 버티고 인내할 수 있다.

전주에서 대전, 다시 김천에서 동탄, 다시 광주로 가는 길에 받은 메시지다.

"저는 친구들이랑 좀 더 같이 있다가 다섯 시 쯤 넘어서 집 왔어요:)ㅎㅎ 목사님이 다 사 주시구ㅜㅜ 정말 잘 먹었습니다!!!! 너무 짧은 만남이라서 진짜 아쉬웠어요… 이제 막 말이 트이려 할 때 가셔야 할 시간이어서 진짜 목사님 잡고 싶었지 뭐예요ㅜㅜ 애들도 목사님

되게 편하구 막 교회 형 같다면서 ㅋㅋㅋㅋㅋ 그러더라구요.

저희는 해드린 것두 없구 좋은 말씀에 맛있는 것들만 다 얻은 것 같아 죄송하네요ㅜㅜㅜ 다음에도 꼭 뵐 수 있으면 좋겠어요!!!!!!! 애들이랑 다 같이 만나도록 해볼게요!

이제 고3 올라가는 터라 진로에 대한 생각과 고민들이 정말 많은데 해주시는 말씀 들으면서 스스로 생각하게 된 부분이 참 많았던 것 같아요! 길은 바뀔 수도 있는데 저는 거기에 대해 두려움이 컸던 것 같고 또 여러 사람의 이야기를 들으면서 저런 사람도 있구나 하는 생각도 들었구요 ㅎㅎ 바쁘신 일정 가운데 만나 뵐 수 있어서 정말 좋았고 감사했던 시간이었습니다!

목사님하구 얘기 나누면서 가장 크게 느꼈던 점이 청소년들과 함께 많은 시간을 보내시다 보니까 다른 어른분들과는 다르게 더 편한 느낌이었구 확실히 청(소)년들에 대해 잘 아시는구나 하는 생각이 들었어요! 오늘 정말정말 감사했습니다!!! 피곤하실 텐데ㅜㅜㅜ 푹 쉬시고! 목사님 멋있으세요!!!"

김천에서 만난 아이한테서 온 메시지다. 하루에 여기저기를 다니다 보니 아이들 눈에도 내가 피곤해 보였을 것이다. 하지만 이런 메시지를 받는 순간, 동에 번쩍 서에 번쩍하며 다니던 하루의 피로가 순식간에 씻겨 내려간다. 선물이 별것인가? 이런 게 선물이다!

내가 보기에 정말 이쁘고, 사랑스럽고, 너무 소중한데 많은 아이들이 자신에 대한 평가, 자존감이 생각보다 아주 낮다. 늘 밝고 잘 웃는 아이라도 막상 이야기를 나누어 보면 웃는 게 웃는 게 아닌 경우가 많다. 언젠가 이제 막 수능을 치른 고3 학생한테서 이런 말을 들었다.

"저 망했어요… 수능 망쳤어요. 갈 대학이 없어요!"

그 친구에게 마음을 담아 말했다.

"결과와 상관없이 넌 소중해! 시험보다, 결과보다 대학보다 넌 가치 있어! 그걸 잊지 마!"

근데 그 친구의 다음 말이 너무 가슴 아팠다.

"저 이런 말 처음 들었어요!"

모든 고3 학생과 수능을 앞두거나 치른 학생들에게 다시 말해 주고 싶다.

"정말 그 어떤 것보다 넌 가치 있고 소중해! 제발 그걸 잊지 않았으면 해."

청소년들을 만날 때 알아 두면 좋은 7가지

새벽 2시 반이 넘은 시간에 어느 분의 메시지를 받았다.

"제가 걱정이 있어서요.ㅠㅠ 다음 주에 청소년 수련회에 리더로 가는데… 목사님은 지금 청소년 사역을 하고 계시잖아요! 그래서 몇 가지 여쭤보고 싶어서요… 생판 모르는 아이들을 봐야 하는데 어떻게 해야 친해질 수 있는지, 뭘 좋아하는지, 신앙적으로 도움이 되려면 어떻게 해야 할지 잘 모르겠어요.ㅜㅜㅜ"

그 요청에 정성을 다해 작성한 글이 있다.

1. 청소년기는 질풍노도의 시기다

그래서 반응이 "왜요? 뭐가요? 싫어요. 이걸 왜 해야 해요?" 할 수 있다. 내가 싫어서 그러는 것이 아니니 상처받지 말자.

2. 겉모습으로 겁먹지 말라

반응이 별로이고 무섭게 느껴지는 아이들도 결코 나쁜 아이들이 아니다. 첫 두려움을 이겨 내고 다가가면 생각보다 괜찮은 애들이다. 겁먹지 않아도 된다.

3. 처음부터 대박을 치지 않아도 된다

사람마다 재능이 달라서 짧은 순간에 혹하고 친근하게 다가가는 사람이 있다. 하지만 그런 성격이 아니더라도 좌절하지 말기 바란다. '하면 다 되는 건 아니지만 하다 보면 는다.' 그러니 포기하지만 않으면 분명 진심이 통할 날이 온다. 기다림은 필수다.

4. 선생님으로서, 언니(형)로서 뭔가 해줘야 할 것 같다는 책임감, 안 가져도 된다

마음은 귀하지만, 뭐 안 해줘도 된다. 애들도 특별히 뭘 바라지 않는다. 그냥 같이 놀아라. 함께 있어 줘라. 왕도는 없다.

5. 이것저것 소통 도구를 사용하는 것도 괜찮다

처음 만날 때 어색할 수 있으니, 솔라리움이나 퀘스천 카드(큐큐카드)나 응원카드 같은 것들을 이용해서 접촉점을 찾다 보면 좀 더 빨리 친밀해질 수 있다. 이미 좋은 소통 도구들이 이 땅에 존재한다. 사용해 보자!

6. 마음이 열리기 시작하면, 아이들의 고민은 거의 비슷하다

아이들의 고민은 대개 꿈이 없다는 것, 친구와의 다툼, 부모님과의 관계 문제, 이성친구 문제 등으로 좁혀진다. 먼저 내 이야기를 꺼내든, 질문으로 유도하든 해서 고민을 듣고, 네가 지금 잘못된 게 아니라는 것, 누구나 갖고 있는 고민이라는 것을 나누면 된다. 넌 혼자가 아니라고 말이다.

7. 해답보다 공감이다

꼭 답을 줘야 하는 건 아니다. 내 마음을 나눌 수 있는 사람/만남/관계가 이곳에 있구나 하고 느끼는 시간을 함께 만들어 가면 된다. 사람은 누구나 관계를 갈망한다. 다만 표현하지 못할 뿐이다.

한 가지 더 덧붙이자면, 아이들을 만날 때 지향해야 할 것과 지양해야 할 것을 미리 정해 두면 좋다. 나는 아이들이 연락 오면 얼마든지 만나러 가는 것을 지향한다. 그러나 여학생의 경우 혼자 만나는 것을 지양한다. 지향과 지양, 비슷한 말 같지만 의미는 전혀 다른 말이다. 지향은 어떤 목표를 향해 내 의지와 뜻을 쏟는 것이다. 반면에 지양은 오히려 그렇게 하지 않으려고 자제하고 주의하는 것이다. 이찬수 목사님도 여성도들과는 일대일로 만나지 않는 걸 원칙으로 삼는다고 했다. 이유는 상대 여성에게 문제가 있어서가 아니라 내가 얼마나 약한 존재인지를 잘 알기 때문이다. 그래서 스스로 절제하고 자제하는 것이다. 나도 여자아이들을 만날 때면 "혼자 말고 친구들 데리고 와, 알겠지?" "친구들 데려와도 돼"라고 말한다.

지향과 지양, 이 두 가지가 뒤바뀌면 안 된다. 그러면 그것이 곧 범죄가 된다.

헛된 부르심은 없다

하나님이 누군가를 부른다는 것은, 거기에 하나님의 뜻, 계획, 비전이 있다는 뜻이다. 하나님은 그냥 부르시지 않는다. 심심해서 불렀다가 "아냐 잘못 불렀어" 하거나 "그냥 심심해서 불렀어" 하시는 분이 아니다. 우리 중 누구도 우연히 존재하는 사람은 없다. 다만 우리가 그분의 뜻을 선명하게 모를 뿐이다. 그래서 우리는 하나님께 묻고 또 묻는다.

"하나님, 나를 향한 하나님의 뜻이 무엇입니까?" "하나님, 저를 향한 구체적인 계획이 무엇인가요?"

하지만 하나님은 우리의 질문에 명쾌하게 답을 주시지 않는다. 그런데 성경의 인물들도 하나님의 응답을 기다려야 했다.

"믿음으로 아브라함은 부르심을 받았을 때에 순종하여 장래의 유업으로 받을 땅에 나아갈새 갈 바를 알지 못하고 나아갔으며"(히브리서 11:8).

믿음의 조상 아브라함이 부르심을 받았다. 하나님의 음성을 들었다. "너 가라." 그러나 정확히 어디로 가야 하는지는 듣지 못했다. "하나님, 어디로 가야 한다고요?" 하나님은 거기에 대해 정확하게 대답해 주시지 않았다. 물론 성경을 읽은 우리는 아브라함이 어디로 갔는지 알지만, 아브라함은 "갈 바를 알지 못하고" 나아갔다. 그게 바로 우리의 삶이다. 나는 이 말씀을 이렇게 가슴에 새기고 있다.

'부르심이란… 갈 바를 알지 못하고 나아가는 것이다!'

그런데 이 말이 얼마나 위로가 되고 격려가 되는지 모른다. 아브라함과 내가 다르지 않다. 아브라함의 고민과 나의 고민이 다르지 않다. 다음 질문에 대답해 보기 바란다.

"아브라함이 가나안을 향한 소망을 가졌던가?"

아니다.

"요셉이 이집트의 국무총리를 꿈꿨는가?"

아니다. 오히려 형들에게 미움을 받아 종으로 팔려갔고, 성추행범으로 몰려 옥살이를 하는 등 말할 수 없는 고생을 했다.

"이집트 왕자 모세의 꿈이 민족의 지도자였는가?"

아니다.

"골리앗을 물맷돌로 때려눕힌 다윗의 꿈이 이스라엘의 왕이었던가?"

아니다! 다윗은 그런 꿈을 꾼 적이 없다. 기름 부음 받고 사울 왕한테 10년 동안 쫓겨 다니다 지쳐 블레셋으로 망명까지 할 만큼 고생이 이만저만 아니었다.

성경이 우리에게 전해 주는 메시지는 뭘까? 그들은 꿈꾸고 도전해서 뭔가 이루어 낸 존재가 아니라 꿈꿀 수 없고, 도전할 수 없고, 뭔가 이룰 수 없는 존재였지만, 하나님께서 그들을 향한 계획을 따라 그들을 그런 사람으로, 그런 존재로 만들고, 세우고, 이끌어 오셨다. 하나님은 '내가 뭔가 되겠다. 내가 뭔가 하겠다' 할 때 나를 쓰시지 않는다. 20세기 복음 전도자 D.L. 무디는 모세의 120년 인생에 대해서 이렇게 말했다.

"모세가 처음 40세 때는 자기가 something인 줄 알았다. 무언가 할 수 있다고, 될 수 있다고 생각했다. 그러나 하나님은 그런 모세를 쓰시지 않았다. 40년 광야로 보내셔서 something인 줄 알았던 모세를 nothing으로 만드셨다. 아무것도 할 수 없는 nothing의 존재임을 깨달은 모세를 통해서 하나님은 everything, 모든 것을 이루셨다."

다시 말씀으로 돌아가서, 오늘 주제 말씀은 이것이다.

> "지혜 있는 자는 궁창의 빛과 같이 빛날 것이요 많은 사람을 옳은 데로 돌아오게 한 자는 별과 같이 영원토록 빛나리라"(다니엘 12:3).

우리는 이 말씀에서 '많은 사람'에 집중하곤 한다. 숫자와 규모에 목을 매곤 한다. 그런데 그것이 우리의 노력으로 되는가? 물론 바라고 기도하고 소망할 수 있지만, 우리의 시선은 '많은 사람'이 아닌 '한 사람'에 집중해야 한다. 한 사람, 한 영혼을 옳은 데로 돌아오게 하는 것에 초점을 맞춰야 한다. 그때 하나님은 하나님의 일을 하신다.

한 사람에게 복음을 전하는 사역이 아니라 그 사람을 사랑하는 것이 중요하다. 그럴 때 그분께서 이루신다. 이것을 잃어버리면 안 된다. 우리가 다시 회복해야 하는 것은 '한 사람'에 대한 마음이다.

우리가 지금 섬기고, 사역하는 모든 수고와 애씀에 당장은 결실도 없고 열매도 없을 수 있다. 하지만 나비효과를 기억해 보자. 지금 당장 내가 원하는 모양으로 나타나지 않더라도 전혀 생뚱맞은 모습으로 나타나는 것이 나비효과가 아닌가? 역사의 주관자이신 하나님께 우연은 없다. 그분은 우리의 어떤 수고도 그냥 수포로 돌아가는 것을 원치 않으신다.

세상도 나비효과가 헛된 것이 아님을 안다. 믿음의 눈으로 하나님의 영적인 나비효과를 볼 수 있어야 한다. 영적인 나비효과는 분명히 있다.

『한 교사의 힘』이라는 책이 있다. 다음 세대에 관심이 많은 부천의 성만교회가 교사들과 함께 교회를 생동감 있고 역동성 있게 만들어 간 이야기를 담은 귀한 책이다. 그중 내 마음에 와 닿은 내용이 있다. 책 초반에 소개되는 '교사 십계명'이다.

1. 전도하려 하지 말고 사랑하라.
2. 가르치지 말고 같이 놀라.
3. 변화시키려 하지 말고 이해해라.
4. 부흥시키려 하지 말고 기도하라.
5. 재정으로 하지 말고 내 주머니를 열어라.
6. 그룹 카톡으로 서로의 생각을 공유하라.
7. 생각을 메모하고 공유하라.
8. 기다리지 말고 전도하라.
9. 함께 추억을 만들라.
10. 독서하는 습관을 가지라.

이 '교사 십계명' 중 전도, 가르침, 변화, 부흥은 지금까지 우리가 상당히 치중해 온 것들이다. 교회가 당연히 해야 할 일이긴 하지만,

이 부분에 치중하다 보니 의도하지 않게 그 뒷부분을 놓쳤다는 생각이 든다. 열매와 결실에만 치중하다 보니 정말 중요한 핵심을 놓쳐 버린 게 아닌가 싶다. 뒷부분 즉 사랑하는 것, 같이 노는 것, 이해하는 것, 기도하는 것 말이다.

앞부분이 역사는 우리가 이루는 게 아니라 하나님이 이루신다. 우리는 최선을 다해 사랑하고, 같이 놀고, 이해하고, 기도하는 것에 집중하자. 한 사람에 대한 마음을 가지고, 한 영혼을 향한 사랑을 가지고 지금 우리에게 맡겨 주신 자리를 지켜 나갈 때, 우리를 통해 아름다운 역사를 이루어 가시는 하나님의 손길을 분명 볼 날이 있을 것이다.

부족한 한 사람을 부르시고, 그 한 사람을 통해 한 영혼을 살리시는 하나님의 열심을 기억하기 바란다. 우리는 받을 수 없는 은혜를 받은 한 사람으로서 한 영혼을 포기하지만 않으면 된다. 끝까지 포기하지 않는 한 사람이 되길 소원하고 또 부탁한다. 그러기 위해서 나는 언제 어디든 부르면 달려가는 한 사람이 될 것이다.

"한국 교회가 지금 왜 이렇게 고통을 당하고 있는가? 왜 이렇게 진통하는가? 사람을 만들어 내는 데 투자하지 않았기 때문이다. 이것은 성경 공부를 시키지 않았다는 말이 아니다. 새벽기도를 통해서, 구역예배를 통해서, 주일학교를 통해서 얼마나 많이 성경을 가르쳐 왔는지 모른다. 그러나 머리를 향해서만 망치질 했을 뿐 그 심령을 변화시키지 못했다"(故 옥한흠 목사님의 설교 중에서).

PART 3

다음 세대 사역의 실제

좌충우돌 첫 사역의
실패와 새로운 도전

박훈 목사

푸른숲교회 담임
Next 세대 Ministry 공동대표
공저 『신앙 고민이 뭐니?』

"열매가 더욱더 맺히길 기도한다.
그 중심에는 '한 영혼'을 위해 혼신을 다하겠다는 결심이 있다."

7

기대한 부흥은 어디로?

캐나다 토론토에 있는 틴데일 대학 신학과를 2007년에 졸업하고, 동 대학원에 입학하는 동시에 토론토에 있는 한 한인교회의 청년부 전도사로 첫 사역을 시작했다. 그땐 정말 뜨거웠다. '이젠 나도 하나님 말씀을 전하는 일에 쓰임을 받다니.' 첫 주일 설교를 앞둔 전날 밤, 거의 한숨도 잘 수가 없었다. 너무 좋아서. 그리고 왠지 모를 확신이 있었다. '내가 설교하면, 청년들이 다 쓰러지리라! 은혜받아서! 내가 섬기게 될 청년부는 곧 2~3배로 부흥하리라!'

그렇게 자신만만하게 맞은 첫 주일의 기억이 지금도 생생하다. 청년들을 처음 만나 자기소개를 하고, 설교를 50분쯤 했다. 청년들이 진짜 쓰러졌다! 너무 지루해서. 혼신의 힘을 다해 준비해 간 설교였지만 한마디로 죽을 쑤었다. 4년 동안 신학만 공부한 신학생의 설교는 청년들의 관심사와는 전혀 딴 세상 얘기였다. 제목부터 그랬다. '부활의 확실한 세 가지 증거', '합력하여 선을 이루심' 제목은 거창했지만 설교 내용은 메마르고 건조했다.

처음 시작했을 때 15명이던 청년부는 2~3배 성장이 아닌, 정체와 감소의 곡선을 그렸다. 전도된 사람은 거의 없었다. 한인교회 특성상 대부분의 청년들이 어학연수생이라 일정 시간이 지나면 한국으로 돌아갔다. 석 달 만에 10명이 남았다. 이대로 6개월이 지나면 한 명 빼고 나머지는 다 한국에 돌아갈 판이었다. 그렇게 되면 양심상 사임을 하는 게 맞다 싶었다.

목회는 먹회?

사역을 시작하기 전에 나름 원칙을 세웠다. 나는 교육 전도사이기 때문에 주중에는 학교에서 열심히 공부하고, 주말에만 혼신의 힘을 다해 청년부를 섬기기로 한 것이다. 발등에 불이 떨어지니 원칙이고 뭐고 없었다. 10명으로 떨어진 다음부터는 주중에 거의 매일 청년들이 다니는 학원을 찾아갔다.

학원 끝나고 나오는 친구들과 차를 마시며 교제를 했다. 그전까지는 주일에만 겨우 한 번 만나다 보니 가까워지기 어려웠는데 주중에 자주 보니 친근해졌다. 그러면서 청년들의 관심사가 무엇인지 알게 되었다. 영어 공부, 연애, 아르바이트, 비자 문제…. 뿐만 아니라 어디서 살고 어떤 음식을 좋아하며 무슨 운동을 좋아하는지, 일상의 사소한 것까지 알게 되었다.

남자 청년들과는 테니스나 농구 같은 운동을 했고, 자매들과는 커피를 마셨다. 참 감사한 건 캐나다는 커피가 쌌다. 한 잔에 천 원. 같이 운동하고, 차 마실 때 교회에서 받은 사례비를 썼다.

십일조와 헌금, 방세만 빼고 전부 청년들과 밥 먹고, 차 마시고, 교제하는 데 썼다. 운동하다 보니 청년들이 친구들을 데려왔다. 같이 운동하고 함께 밥을 먹었다. 자매들도 자기 학원 친구들을 소개했고 그렇게 두세 번 만난 청년들이 교회에 나왔다. 전도가 되기 시작했다.

나 역시 유학생이다 보니 청년들과 같이 밥 먹는 게 좋았다. 같이 운동하고, 차 마시는 것도 좋았다. 다행히 청년들도 좋아했다. 청년들 집에 가서 게임도 하고, 아픈 청년이 있으면 죽을 사서 병문안도 갔다. 이사 가는 청년이 있으면 교회 차로 도와주었다. 볼링, 체리피킹, 애플피킹, 나이아가라폭포 트립, 캠핑, 카누 트립 등 청년들과 거의 같이 살다시피 했다. 집으로 초대해 삼겹살을 굽고, 삼계탕도 삶았다. 오히려 공부를 너무 안 해서 문제가 될 지경이었다. 그렇게 청년부는 10명에서 20명, 20명에서 30명까지 늘어났다.

설교도 점점 바뀌었다. 설교 예화는 대부분 청년들의 일상을 가져왔다. 지난주에 같이 커피 마시다 생긴 일, 운동하다 일어난 일, 생일

파티 해프닝 등을 나누었다. 자기 얘기가 설교에 나올까 봐 귀를 쫑긋 세우는 듯했다.

이젠 더 이상 쓰러지는 청년들이 없었다. 왜냐면, 나는 동네 형(?) 같은 전도사였기 때문이다. 연애 상담도 많이 했다. 놀라운 것은 정작 나는 총각 전도사인 데다 연애 경험도 별로 없음에도 동생 같은 청년들에게 조언해 주니 상담에 대한 만족도가 꽤 높았다.

20~30명의 청년 중 절반 이상이 교회에 처음 나오는 청년들이었다. 훈련하는 마음으로 대표 기도를 한 명씩 돌아가면서 했다. 그때 교회 온 지 석 달 만에 처음 했던 경진이의 기도를 지금도 잊지 못한다.

"하나님 아버지, 감사합니다. 우리 가족들 한 주 동안 지켜 주셔서 감사합니다. 하나님의 이름으로 기도합니다. 아멘."

많이 웃었다. "하나님의 이름이라고?!" 경진이에게 어디 가서 제일교회 다닌다고 하지 말고, 나에게 배웠다는 말을 하지 말아 달라고 농담을 했다. 그런데 생각지도 못한 데서 울컥했다. 경진이가 우리 교회에 나온 지 석 달 만에 하나님은 경진이의 아버지가 되셨다. 그리고 제일교회 청년부가 경진이에게 가족이 되었다. 말 그대로 같이 웃고, 같이 울었다.

신학교에서 배운 전도, 설교, 목회에 대한 여러 이론은 실제 현장과는 사뭇 달랐다. 이상적인 전도, 이상적인 설교가 되려면, 꼭 필요한 것이 있었다. 관계! 관계가 가장 중요했다. 나와 가장 가까운 청년이 가장 많이 전도했고, 설교도 제일 잘 들었다. 설교대로 살려고 애

썼다. 목회가 먹회(?)라는 말에 100% 동의한다.

어떤 때는 사례비만으로 밥값이 모자라 아르바이트를 해서 먹인 적도 있다. 아깝지 않았다. 아니, 즐거웠고 행복했다. 밥 사 줄 청년들이 있어서. 어학연수나 유학을 마치고 한국으로 돌아가는 청년들을 공항까지 배웅해 주며 많이 울었다. 다른 시역으로 갈 때도 울었다. 나도 울고, 떠나는 청년들도 울고, 보내는 청년들도 울었다. 진짜 가족이었다.

훈련의 부재

지금도 때때로 그 시절 청년부가 그립다. 가끔 그 시절 사진들을 보면 요즘 말로 추억이 돋는다. 그렇게 좋은 청년부 사역이었지만, 아쉬운 점도 있다. 관계와 전도에 올인(all in)하다 보니 너무 교제에 치중했다는 것이다. 사실 전도가 되니까 담임목사님과 교회 성도님들이 좋아하셨다. 잘한다고 하시니 잘하는 줄로만 알았다.

그런데 생각지도 못한 문제가 터졌다. 교회에 나오는 커플이 한 쌍 있었는데, 하루는 자매 집에서 청년들과 식사 모임을 가졌다. 모임 중에 반쯤 열린 옷장 문 사이로 남자 옷과 여자 옷이 함께 걸려 있는 것이 보였다. 신발장에도 남자 신발과 여자 신발이 나란히 있었다. 심지어 빨래건조대에도 남녀 옷이 함께 걸려 있었다. 여자 옷은 자매

것, 남자 옷은 남자친구의 것이 분명해 보였다. 동거 중이었던 것이다. 그날은 모른 척하고 넘어갔다. 다 모인 자리에서 망신을 주면 교회를 떠날까 염려가 되었다. 그러나 뒤돌아 생각해 보니 교역자가 그 커플의 동거를 인정해 준 셈이 되었다. 말씀으로 혼전순결이나 거룩에 대해 가르치지 못했다.

다른 문제도 나타났다. 교회에 처음 나오는 청년들이다 보니 술, 담배를 당연하게 여기는 경우가 많았다. 전날 늦은 술자리 때문에 주일을 지키지 못하는 청년들도 있었다. 찬양팀을 만든 후에 싱어로 자원한 자매가 하나님이 아직 믿어지지 않는다는 고백을 했다. 믿어지지 않는 하나님을 매주 찬양하고 있었던 것이다.

주일예배만으로는 청년들의 영적 성장이 쉽게 이뤄지지 않았다. 겉으론 숫자상으로 성장도 했고 분위기도 좋았다. 교제만큼은 어느 교회보다 좋았다. 하지만 다시 한국으로 돌아간 청년들이 교회에 계속 나가지 않는다는 소식을 종종 듣게 되었다. 3년간 몸과 마음을 다해 섬긴 청년부이지만, 양육과 훈련의 부재는 지금도 큰 아쉬움으로 남아 있다.

다만, 마지막 1년을 섬길 때 청년들 가운데 여러 명이 세례를 받았다. 주일예배 외에는 교회에서 뭘 하는지 전혀 모르는 청년들에게 세례 교육을 통해 무엇을 믿고, 어떻게 믿어야 하는지 기본적인 교리를 가르칠 수 있었다. 이 교육을 잘 받은 청년들은 지금도 신앙생활을 잘 하고 있다.

청년들과 함께한 3년간 나는 관계의 중요성을 절실히 느꼈을 뿐 아니라 양육과 훈련의 필요성도 깨닫게 되었다. 예배, 전도, 교육(양육과 훈련), 교제, 선교를 어떻게 하면 균형 있게 할 수 있을까? 3년간의 첫 사역은 내게 이러한 고민을 남겼다.

뜨거운 아포슬

8년간의 유학 생활을 마치고, 한국에 돌아와 목사 안수를 받았다. 안수받기 전 4년간 서울의 한 교회에서 중고등부를 섬겼다. 이때 결혼을 비롯한 많은 일들이 있어서 사역에 온전히 마음을 쏟지 못했다. 그러다 2013년 대구동신교회의 부름을 받고 영어예배를 섬기게 되었다. 영어예배 사역자였지만 실제로는 청년 사역을 더 많이 했다. 당시 영어예배 디렉터인 김영한 목사님이 청년부 디렉터가 되면서 청년들을 섬길 기회를 많이 주신 덕분이다. 설교, 강의, 모임 등 함께 동역하면서 열정이 있는 한 명의 사역자를 통해 하나님께서 일하시는 것을 지켜볼 수 있었다.

대구동신교회는 장년만 5천 명이 출석하고, 주일학교를 합치면 약 7천 명이 출석하는 대형교회다. 그러나 여느 교회들처럼 청년부는 장년의 10분의 1인 400~500명이 출석했고, 10년 가까이 정체된 상태였다. 청년들은 어떤 모임이나 행사에도 미지근한 반응을 보였다.

그러다 김영한 목사님이 청년부를 맡으면서 청년들이 점점 뜨거워지고 변화되기 시작했다. 결국 400명이던 청년부가 5년 만에 1300명이 출석하는 놀라운 성장을 이루게 됐다. 하나님께서 일하셨음에 틀림없다. 아포슬 공동체는 캐나다에서 내가 그렇게 바라던 '바로 그 교회'였다.

예배, 전도, 교육(양육과 훈련), 교제, 선교가 균형적으로 이뤄졌다. 멀리 서울이나 부산에서 매주 오는 청년들도 있었다. 슬로건처럼 예배에 목숨을 거는 공동체였다.

한번은 청년들에게 설교를 하는데, 말씀을 쭉쭉 빨아들이는 것이 느껴졌다. 경상도 사나이들이 입을 벌려 아멘을 하다니, '놀렐루야'였다! 예배가 살아 있어서 가능한 일이었다.

양육과 훈련 커리큘럼이 대학 커리큘럼보다 더 복잡하고 다양했다. 성경 통독만 해도 '통큰 성경', '어 성경이 읽어지네', '성경 맥 잡기' 등의 강의가 제공되었다. 아포슬 청년부에서만 제공되는 전체 훈련 수가 1년에 35개나 되었다.

매일 새벽기도가 있었고, 연중 여러 번 특별새벽기도회도 했다. 새벽기도엔 평균 50~80명의 청년이 나왔고, 특별새벽기도회 땐 300명이 넘게 나왔다. 매주 새가족이 10~20명, 많을 때는 30명이 넘었다. 새생명축제 때는 50~150명 가까이 왔다. 1년에 새생명축제를 여섯 번이나 했다.

마치 청년부가 불덩어리 같았다. 매 여름과 겨울에 여러 나라로 선교와 비전트립을 갔다. 여름과 겨울 수련회는 2~3일 혹 4~5일 동안 말씀과 찬양, 기도만 했는데도 그것으로 충분했다. 다른 프로그램이 필요 없었다. 특식도 필요 없었다. 예배만으로 좋은 수련회였다.

게임 중독에 빠졌던 청년이 새벽예배에 나오더니 인도에 1년간 선교하러 떠났다. 우울증, 피해망상증에서 살아나는 청년들도 있었다. 이러한 간증은 김영한 목사님의 책『아포슬』에 자세히 나와 있다.

10년 가까이 정체되어 있던 청년부가 어떻게 이처럼 폭발적인 성장을 할 수 있었을까? 뿐만 아니라 어떻게 예배, 전도, 교육, 교제, 선교가 균형 있게 강조되는 건강한 공동체가 될 수 있었을까? 그 중심(core)에는 김영한 목사님이 있다고 본다. 칼이 칼을 날카롭게 하듯이 불이 불을 붙이는 것이다. 김 목사님에 대해 몇 가지 인상적인 모습을 나누자면 다음과 같다.

한 영혼의 소중함

제일 먼저 기억나는 것은 영어예배부에서 아이들을 섬길 때의 모습이다. 김 목사님은 2009년부터 4년 반 동안 동신교회 영어예배부 디렉터를 맡았다. 섬기는 동안 매년 초등학생, 중고등학생들을 데리고 비전트립을 떠났다. 일본, 중국, 캐나다, 필리핀, 유럽까지 갔다.

초등학교 5학년이던 한 아이는 매년 비전트립에 참여하면서 목사님과 5일, 10일, 15일 같이 생활하다 보니 자연스럽게 제자훈련이 되었다. 비전트립의 특성상 같이 먹고, 같이 자고, 같이 차를 타고 이동하게 되는데, 그렇다 보니 한 번의 여행 동안 아이들에게 수십 편의 맞춤 설교를 하게 된다.

믿음은 들음에서 나니, 아이들의 믿음이 자연히 자랐다. 이제는 어느새 고등학생이 된 그 초등학교 5학년 아이는 목사님이 되는 꿈을 꾸고 있다.

또한 매 학기 7~8명의 지원자를 받아 최소한의 교재비만 받고 매주 3~5회씩 영어성경과 회화를 가르치는 멘토스쿨을 열었다. 매주 3~5일 목사님을 만나 말씀을 배우고 영어를 배우니 믿음이 자랐고 영어 실력도 늘었다. 과외를 받기 힘든 형편의 아이들이 영어를 배울 수 있는 좋은 기회였다.

멘토스쿨 사역을 같이하면서 발견한 것이 있다. 김 목사님은 한 아이, 한 아이마다 성격, 특징, 좋아하는 음식, 좋아하는 과목, 좋아하는 운동, 부모님과의 관계까지 파악하고 있었다. 아이들은 자기를 잘 아는 목사님을 보면서 '나에게 관심이 많으시구나'라고 느꼈다. 마찬가지로 아이들의 부모님도 똑같이 느꼈을 것이다. 자기 아이에게 매일같이 영어와 성경을 가르쳐 주고 열흘 넘게 비전트립을 데리고 가는 목회자의 열정에 부모님들이 크게 감동했다.

영어예배도 200여 명에서 600명으로 숫자적인 부흥이 따랐다. 숫자적인 부흥도 열매이지만, 아이들과 부모님으로부터 신뢰를 얻은 것이 더 큰 열매다. 그 후로 어떤 사역을 하든 교회와 교사, 부모님들이 후원과 지원을 아끼지 않았다.

청년부 사역도 마찬가지였다. 한 영혼을 향한 김 목사님의 마음을 하나님께서 사용하셨다고 본다. 거의 매일 점심, 저녁으로 청년들을 만나 상담과 교제를 나눴다. 반드시 일대일로 만나 1시간 반~2시간씩 그 청년의 고민과 영적인 상태를 점검했다. 그렇게 관계가 깊어져 가자 청년들은 과거의 쓴 뿌리, 상처, 그리고 누구에게도 말 못 할 죄까지 털어놓았다. 긍휼의 마음으로 기도해 주고 위로해 주는 그 두 시간이 청년들의 인생에 분기점이 되기도 했다. 매일 두세 명의 청년들과 일대일로 상담하고, 하루에 한두 시간씩 전화와 문자(카톡)를 나누는, 그야말로 청년들과 함께하는 하루하루였다. 청년들 한 명 한 명의 삶을 누구보다 잘 아는 김 목사님과 청년들의 관계가 좋은 것은 말할 것도 없다.

그렇다 보니 1300명이나 되는 청년 중 대부분이 목사님과 친밀감을 느꼈다. 나아가 영적인 스승(멘토)으로 여기는 청년들이 많았다. 한 청년은 1년 동안 10명을 전도했는데, 이유는 교회가 너무 좋고 목사님이 너무 좋았기 때문이란다. 친구들의 과제를 도와주고 밥을 사 준 후 교회에 가자고 한마디 했을 뿐인데, 많은 친구들이 교회를 따라왔다는 것이다. 그런데 친구들은 그 청년이 행복해 보여서 교회에 따라왔다고 말했다.

PC방에 살다시피 해서 레벨이 프로 선수급이던 청년도 예배를 드리다 은혜를 받더니 게임보다 예배가, 게임보다 목사님이 좋아졌다고 했다. 이 청년은 지금은 완전히 변화되어 사역자나 다름없는 역량을 발휘하고 있다.

교회에 처음 나왔다는 한 청년은 예배 시간에 자기도 모르게 눈물이 주르륵 흐르면서 말로 설명할 수 없는 하나님의 만지심을 느꼈다. 이후로 새벽예배와 주일예배, 주일 저녁예배까지 모든 예배에 빠짐없이 참석했다.

한 자매는 새벽예배를 비롯한 주일예배의 청년부 목사님들의 설교를 스마트폰에 정리해서 지인들과 나눴다. 매일 4시간이나 걸려 설교문을 적고 수정하는 일을 기꺼이 한 것이다. 그러자 설교를 전달받은 지인들이 설교를 보고 위로가 되었다고, 힘이 되었다고 문자를 보내 왔다.

이렇게 청년들과 가깝게 지내고 영적인 멘토가 되니, 자연히 결혼식 주례를 부탁하는 청년이 많았다. 인생의 가장 중요한 순간을 함께하고 싶은 것이다. 이 모든 사역의 모토이자 스피릿(spirit)은 '한 영혼' 철학이다.

고 옥한흠 목사님의 제자훈련 철학을 그대로 따르고 싶었다는 김영한 목사님의 고백을 여러 번 들었다. 그렇다. 한 영혼이 살면 된다! 한 영혼이 살아나면, 그 주위 사람도 살아난다. 한 영혼이 변하면, 다른 사람들도 변한다. 그러나 한 영혼이 변하지 않는데, 어떻게 많은 영혼이 변하길 바라겠는가? 한 영혼이 살아나지 못하는데, 어떻게 많은 영혼이 살아나길 바라겠는가?

매일 두세 명의 청년을 만나 각자 1시간 반~2시간씩 상담해 주고 매일 새벽 소수의 청년들을 제자 훈련하는 것은 한 영혼이 천하보다 귀하지 않고는 할 수 없는 일이다.

대구동신교회 청년부는 캐나나에서 교제와 전도에 치우친 내 사역에서 놓쳤던 부분까지 충족한 사역이라 생각한다. 건강한 공동체, 뜨거운 공동체, 죽어 가던 영혼이 살아나 다른 영혼을 치유하는 공동체, 그런 공동체를 함께 섬길 수 있는 것만으로도 큰 축복이었다.

대구동신교회에서 가슴 뜨거운 3년 사역을 마치고, 만 36세의 젊은 나이에 서울로 올라와 작은 교회의 담임목사로 섬기게 되었다.

그리고 푸른숲교회

2015년 12월 6일, 서울 관악구 신림동에 있는 푸른숲교회에 부임했으니 만 4년이 지났다. 푸른숲교회는 1980년 원로 목사님이 독산동에서 개척하여 35년간 섬긴 교회다.

독산동에서 5년, 신림동에서 20년 동안 상가 건물을 빌려 예배를 드리다, 장년이 150여 명 출석할 즈음에 지금의 자리를 얻어 3층 건물을 짓기로 했다. 하지만 건축하는 과정에서 많은 성도가 교회를 떠났다. 아마도 대출을 갚는 것이 큰 부담이었을 것이다. 건축하던 한

해 동안 거의 절반이 떠났고, 그 후로도 조금씩 성도들이 교회를 옮겼다. 건축을 마쳤지만, 교회는 성장이 아닌 정체기를 맞았다.

2004년 교회 건물은 다 지어졌지만, 그 후로 10년 동안 장년이 평균 20여 명 출석했다. 그 사이 원로 목사님과 사모님의 건강이 많이 안 좋아지셨다. 남아 있는 성도도 60~80대의 노인층이 대부분이었다.

우리 교회 강단에 처음 올랐던 때가 생각난다. 성도들 대부분이 지쳐 있었고 힘이 많이 빠진 모습이었다. 10년 동안 새가족이 거의 없었고, 10년째 대출 원금을 갚지 못했으며, 청년과 주일학생이 거의 없었다. 무엇부터 시작해야 할지 전혀 감이 잡히지 않았다. 평지에 있는 바위를 죽어라 밀었는데 도리어 땅속으로 깊이 박히는 느낌이었다. 꿈쩍도 안 하는 바위, 우리 교회의 첫인상이었다.

매일 새벽 기도를 하고, 주일 설교도 열심히 준비했다. 주중에는 열심히 노방전도를 나갔지만 한 명도 오지 않았다. 새벽마다 이런 기도를 했다.

"하나님, 한 명만 보내 주세요! 더도 말고 한 명만요! 보내 주시면 잘하겠습니다!"

그러나 기도의 응답은 없었고, 눈에 띄는 큰 변화도 없었다.

처음 맞닥뜨린 가장 큰일은 장례식이었다. 교회 개척 초기부터 출석하던 85세의 최 권사님이 월요일 저녁에 돌아가셨다는 연락을 받았다. 믿어지지 않았다. 바로 전날 주일 오후예배를 마친 후 교회를 나서면서 내 손을 꼭 잡고 인사해 주셨다. "수고했어요. 은혜 많이 받았어요." 권사님의 따뜻한 한마디에 힘이 났었는데, 그것이 마지막 모습이었다니.

    장례 집례를 위해 순서지를 만들고, 설교를 준비해서 장례식장에 갔다. 입관예배부터 하관예배까지 잘 마치고 돌아오는데 참 마음이 허전했다. 그다음 주일에 그 권사님의 빈자리가 왜 그렇게 크게 보이는지…. 한동안 마음에 말 못 할 허전함이 계속되었다. 어떻게 하나님께서 인도하실지, 막연히 불안했다.

    한번은 대학원 선배인 목사님이 우리 교회를 방문하셨을 때 이렇게 물었다.

    "언제까지 출석 숫자에 연연하게 될까요?"

    그분 말씀이 걸작이었다.

    "은퇴할 때까지."

    그렇다. 은퇴할 때까지 출석 숫자에 연연할 것이다. 지금도 여전히 그렇다. 새벽기도에 나오는 성도가 한 명도 없어서 혼자 강단에 앉아 기도할 때도 많았다. 하나님과 깊은 교제를 할 수 있어 좋기보다는 그 시간이 참 외롭고 쓸쓸했다. 겨울 새벽엔 아무리 추워도 양심상 히터를 켤 수 없었다. 그나마 다행인 것은 그런 날은 추워서라도 말끔한 정신으로 기도할 수 있었다.

잊을 수 없는 새벽기도

우리 교회에 오기 전에 섬기던 대구동신교회는 매주 새가족이 있었다. 새가족만 장년이 30~40명, 청년부가 20~30명, 주일학교도 부서마다 2~3명에서 3~4명, 새가족이 안 오는 날이 이상할 정도로 새가족이 흔했다. 그런데 1년 내내 새가족이 거의 없는 교회에 와 보니 정신이 번쩍 들었다. 어느 새벽 아무도 없는 예배당에서 한참을 눈물로 기도드리고 있는데, 불현듯 하나님께서 이런 마음을 주셨다.

"맨땅에 개척했다고 생각해 봐라!"

지금도 그 새벽을 잊을 수가 없다. 개척했다고 생각하니 모든 게 새롭게 보였다.

'개척했는데 개척 멤버가 20명이나 있네! 건물도 있고, 악기도 있고, 식당도 있고, 주차장도 있네. 주일학교도 있고, 성가대도 있네. 장로님도 계시고, 사무실도 있고, 사택까지 있네.'

그때까지 없는 것만 보였는데 그 새벽부터 있는 것이 보였다. 돌아보니 정말 많았다. 요리에 은사가 있으신 박 권사님, 반주만 20년째인 청년, 가족 같던 교인들이 다 떠나도 끝까지 남아 있는 여러 권사님들, 비가 오나 눈이 오나 공예배에 오시는 장로님, 집사님, 권사님들이 계셨다. 가슴이 뜨거워지고 감사한 마음이 생기기 시작했다. 그날부터 할 일들이 보였다. 남아 있는 교인들의 마음을 하나로 모으기 위해 우리 교회의 목적을 선포했다.

"사람을 살리고, 키우고, 치유하는 교회."

사실은 대구동신교회의 사명선언문이다. 권성수 목사님께 연락드려서 사용을 허락받았다. 그 교회에 부교역자로 3년 동안 있으면서 교회가 왜 존재하는지에 대한 확실한 답을 얻었다.

교회에 오면 영혼이 예배를 통해 살아난다! 예배를 통해 치유받는다! 양육과 훈련을 통해 자란다! 그렇게 살아난 사람이 다른 사람을 살리고, 키우고, 치유한다! 3주 동안 시리즈로 '사람을 살리는 교회', '사람을 치유하는 교회', '사람을 키우는 교회'라는 제목으로 설교를 했다. 교인들은 우리 교회가 왜 존재하는지, 우리 교회가 뭘 하려는 것인지 알게 되었고, 마음이 점점 하나로 모여지는 게 느껴졌다.

양육과 훈련

기도의 응답인지 청년 한 명이 새로 왔다. 친한 친구의 동생인데, 타 교회에 출석하는 동안 전화로 신앙상담을 여러 번 해주던 사이다. 믿음이 없는 초신자가 교회에 나오는 것이 가장 바람직하지만, 찬밥 더운밥 가릴 처지가 아니었다. 그 친구가 온다는 주일 전날 밤은 잠을 설칠 만큼 좋았다.

청년이 오고, 얼마 후 평소에 알고 지내던 여집사님이 당신 딸을 우리 교회로 보내겠다고 했다. 학교 선생님이 되려고 임용고시를 준비하러 서울에 올라온 것이다. 이 자매는 믿음이 전혀 없었다. 엄마가 차에서 찬송가를 켜면 시끄럽다고 CD를 끌 정도다. 그래도 상관없이 좋았다.

그 두 청년이 앉은 자리에서 빛이 나는 것 같았다. "한 명만 보내 주세요!" 몇 달 동안 기도했더니 두 명이나 보내 주셨다. 형제는 믿음이 아주 좋고, 은행에서 근무하는 34세의 잘생긴 청년이다. 자매는 아직 예수님을 안 믿는 26세의 귀여운 청년이다. 교회에 청년이 새로 오니 성도님들도 참 좋아했다. 인사하며 안아 주고, 맛있는 간식을 챙겨 주고, 좋다는 표현을 그렇게 하셨다.

우리 교회는 전통교회라 35년 동안 예배와 심방밖에 없었다. 부임하고 5개월 만에 양육을 시작했다. 개척하고 35년 만에 하는 양육이었다. 장로님, 권사님, 집사님들 다 하라고 권면했다. 두 청년에게도 꼭 하라고 했다. 다행히 두 청년이 모두 신청서를 냈다.

기존에 있던 청년 두 명도 함께했다. 일주일에 세 번(화, 수, 금) 저녁 8시부터 1시간 30분 동안 하는 양육이었다. 찬양 10분, 말씀 50분, 기도 30분으로 진행했다.

그런데 생각보다 반응이 미지근했다. 여전히 움직이지 않는 바위 같았다. 그래도 열심히 준비했다. 원래 교재가 있는데, 처음부터 끝까지 다시 타자를 쳐서, 뺄 내용은 빼고, 예화도 바꿔 가면서 준비했다. 그렇게 한 달 동안 교재를 다시 만들었다. 열심히 찬양하고, 기도하고, 말씀을 가르쳤다. 처음 3주 동안 성도들이 잘 듣기는 했지만 어쩐지 영적으로 답답함을 느꼈다. 그럴수록 무릎을 더 꿇었다. 그때 했던 기도가 이랬다.

"하나님, 만나 주세요! 은영이 만나 주세요! 우리 청년들 깊이 만나 주세요. 하나님, 만나 주세요. 만약 안 만나 주시면… 그러시면 안 됩니다!"

나는 새로 나온 두 청년과 기존의 청년 두 명에게 사활을 걸었다.

3주가 지나고부터는 양육 시작 1시간 전부터 강단에서 기도했다. 양육이 끝난 뒤에도 기도했다. 그렇게 40일 중에 35일이 지났는데도, 아무 일도 안 일어났다. 안수기도해서 병이라도 나았으면 했는데, 아픈 사람이 하나도 없었다. 뭔가 뜨거운 체험이 있다든지, 방언이 터진다든지, 그런 영적인 체험도 전혀 없었다. 그래도 감사한 건 두 청년이 한 번도 안 빠졌고, 전체 출석률이 90%가 넘었다는 것이다.

36일째 되던 날이었다. 말씀을 전한 후 나는 강단 뒤에 앉아 기도하는데, 어디선가 흐느끼며 우는 소리가 들렸다. 여자 목소리였다. 너무 궁금했지만, 강단 옆으로 빼꼼히 얼굴을 내밀기가 왠지 민망했다. 아내에게 카톡을 보냈다. "누구예요?" 답이 왔다. "은영이요!" 나는 너무 놀라 반문했다. "그래요? 안고 기도 좀 해줘요!" 아내가 기도해주었고 은영이는 한동안 계속 울었다. 그다음 날도 울었다. 그날은 은행원 형제도 울었다.

40일이 끝나고 수료식 날 간증을 하는데, 은영이가 하나님을 만났다고 고백했다. 하나님께서 손으로 만져 주시는 것을 느꼈다고 했다.

남자 청년은 수료식 다음 주에 육십 평생 교회를 한 번도 나간 적이 없는 어머니를 전도했다.

그 주일 날아갈 것 같았다. 말로 표현할 수 없는 기쁨이었다. 우리 교회에서 한 영혼이 하나님을 만났다는 사실 때문이었다. 그게 목회의 목적이고, 우리 교회가 있는 이유이지 않은가?

수료식 날에 있었던 간증을 생생히 기억한다. 15명이 수료했는데, 한 분이 15분씩 간증을 하기로 했다. 부끄러움이 많은 한 권사님이 앞에 나와서 간증을 못 하겠다고 해서 한동안 옥신각신하다가 결국 나오시더니 30분 넘게 그분 인생에서 경험한 하나님을 간증하셨다. 나중엔 중간에 끊어야 했다. 평생에 처음 마이크를 잡으셨지만 간증하는 것이 내심 좋았던 모양이다.

다들 15분이 짧게 느껴질 만큼 받은 은혜를 나눴다. 그렇게 9시에 시작한 수료식은 새벽 1시가 돼서야 끝났다.

그날 새삼 느꼈다. 한 사람이 얼마나 귀한지를. 그리고 한 사람의 믿음이 자라기 위해 얼마나 많은 기도와 시간이 필요한지를 배웠다. 그 한 명을 우리 교회에, 또 나에게 맡겨 주신 것에 하나님께 감사드린다.

이후로 양육과 훈련을 계속하고 있고, 1년에 두 번 부흥회를 가진다. 이 같은 목회의 바탕에는 한인교회와 대구동신교회에서 경험한 청년 사역이 있다.

교육과 훈련 없이 공예배만 치중한다면, 마치 마차의 두 바퀴 중

하나만 튼튼한 것과 같다. 나머지 한 바퀴는 앞에서 말이 끄는 대로 굴러가기는 하지만, 그렇게 삐걱거리다 언젠가 빠지고 만다. 반대로 훈련에만 치중한다면, 예배가 소홀해질 우려가 있다. 그래서 예배와 훈련은 같이 가야 한다. 놀라운 것은 양육과 훈련은 청년들만 해당되는 것이 아니라 나이가 있는 장년과 권사님들도 가능하다는 것이다.

양육과 훈련을 처음 받는 60~70대 권사님들은 마치 오랜만에 학교에 나와 공부하는 것처럼 임하셨다. 공부는 그리 좋아하시지 않았지만 담임목회자와 일주일에 3~4일을 가까이서 볼 수 있는 것만으로 의미가 있었다.

역시 관계가 중요하다. 그리고 시동은 늦게 걸리지만, 한번 말씀이 들어가면 장년도 열매와 변화가 있었다. 자연스러운 전도와 영적인 성장이 일어난 것이다.

교제를 통한 관계

양육과 훈련이 청년들만이 아닌 장년들에게도 가능한 것처럼 교제도 마찬가지다. 푸른숲교회에 와서 한 사역 중 모두가 좋아한 사역이 있다. 어느 날 교회 권사님들에게 해외 여행을 가 본 적 있냐고 여쭤보았다.

몇 분은 그렇다고 대답했지만 그중 절반은 비행기도 한 번 못 타 보았다고 하셨다. 평생 비행기 한 번 타는 것이 소원이라는 분도 계셨다. 형편 때문에 혹은 자녀들이 바빠서 여행할 엄두를 내지 못하신 것이다.

당회에 의견을 내놓고 계획을 짰다. 교회 어르신들을 모시고 제주도로 2박 3일 효도 여행을 가는 것이었다. 평생 비행기를 못 타신 어르신이 예닐곱 분, 제주도를 못 가신 분이 여섯 분 계셨다. 신청을 받았더니 열일곱 분이나 신청하셨다. 교회가 전체 재정의 4분의 1을 지원하고, 자녀와 성도님들이 4분의 1을 후원해 줬다. 어르신들은 실비용에 절반만 내도록 했다.

2박 3일간 밴을 한 대 빌리고 운전과 가이드를 해줄 기사님도 고용했다. 제주도의 온천과 곶자왈, 천지연 등 여러 관광지를 도는 동안 어르신들은 해맑게 웃으셨다. 그 좋아하시는 모습은 청년들과 똑같았다. 함께 좋은 시간을 보내는 것도 한 사람, 한 사람의 귀한 영혼을 섬기는 일이다.

제주도에 다녀온 후로도 1년에 한두 번은 온천, 찜질방, 가평수목원 등으로 효도 여행을 간다. 청년들, 장년들과도 가깝게 지내려 여러모로 애쓰고 있다. 관계가 중요하기 때문이다.

한 영혼 Spirit

아직 4년밖에 안 되는 담임 사역이지만, 처음 시작부터 지금까지 그리고 앞으로도 계속 가지고 갈 철학은 '한 영혼'이다. 한 사람만 변하면, 그 사람이 가진 놀라운 역량은 하나님께서 쓰실 줄을 믿는다. 단단히 땅에 박힌 바위 같던 교회가 이제 조금씩 움직이고 있다. 하나님께서 원하시는 방향으로 움직이고 있고, 나는 이 바위를 그쪽으로 굴려 보내려 밀어 왔다.

지금은 처음 왔을 때보다 성도가 두 배 정도 늘었다. 청년들이 모이기 시작해 청년 예배를 따로 만들었다. 올해 창립 40년 만에 첫 단기 선교팀을 보냈다. 내년에 비전트립과 2번의 단기선교를 계획 중이다. 교회 본당을 리모델링했고, 3년 동안 대출의 10분의 1을 갚았다. 이런 외적인 변화를 통해 교회가 점점 살아나는 것을 보게 된다.

4년 동안 한 사람이 하나님을 만나길 끊임없이 기도했다. 한 사람이 변화되길 기도했다. 100%의 응답은 아니지만, 우리 교회에서 처음 하나님을 만난 사람들이 생겼다. 예수님 믿은 후 변화됐다는 간증들과 말씀을 그대로 살아내는 간증들도 나오고 있다. 이러한 열매가 더욱더 맺히길 기도한다. 그 중심에는 '한 영혼'을 위해 혼신을 다하겠다는 결심이 있다. 이 결심을 하나님께서 써 주시길 기도한다!

★ 8

주차장, 화장실이 없어도 '되는 교회'

박찬열 목사

노크교회 담임
Next 세대 Ministry 공동대표
앨범 〈노크워십〉

"헌신적으로 밀알이 되어 섬기면
반드시 열매를 보게 되어 있다."

8

주차장, 화장실이 없어도

노크교회는 주차장과 화장실이 없다. 그래도 사람이 모인다. 근처 주차장에 주차비를 내서라도 교회에 온다. 이유가 뭘까? 영혼이 곤고한 성도는 다른 무엇보다 교회에 출석하는 이유로 말씀을 꼽는다. 주차장이 없는 상황은 문제가 안 된다. 수많은 사람이 자신의 영혼을 세울 곳을 찾지 못하고 있다. 따뜻한 예배, 뜨거운 기도, 감동적인 찬양이 있으면 자신의 영혼을 교회에 주차한다.

21세기의 문제는 예수님이 들어갈 자리에 마귀가 불법 주차한 것이다. 주차나 화장실이 불편해서 성도가 떠나는 게 아니다. 의자가 불편해서 떠나는 것이 아니다. 말씀이 없고 생명이 없으면 떠난다.

교회는 목사가 알아보기 전에 성도가 알아본다. 배고픈 자들이 밥

냄새를 맡지 않는가? 현재 노크교회는 주일예배 때 자리가 부족해 예배당에 있던 교역자 책상을 치웠다. 그럼에도 서서 예배드리는 사람이 생겼다. 꼬마들은 생수통에 오줌을 누어 가며 예배드린다. 불편하지만, 그래도 영혼은 살아난다. 마침 화장실은 하나님이 교회 맞은편에 빌딩을 지어 주셔서 해결할 수 있게 됐다.

노크교회는 세워진 지 5년이 되었다. 성도는 대부분 청년이다. 이런 상황을 주변에서 많이 궁금해한다. 요즘 시대에 젊은이들이 많이 모이는 일이 쉽지 않다며 비법을 듣고 싶어 한다. 딱히 비결이 없다. 지난 5년간 사역의 핵심(Core)을 한마디로 정리하면 '기본에 충실하자'였다.

안타까운 현실이다. '기본에 충실한 것'이 특이해 보이는 세상이 되었다. 독자들 중에도 '기본과 기준'에 대한 안타까움 때문에 새롭게 목회 현장에 뛰어드는 분들이 많을 것이다. 조금이나마 격려와 응원이 되고자 이 지면을 통해 노크교회가 붙잡은 '기본'에 대해 나누고자 한다.

교회를 시작할 때 가장 큰 고민은 교회 이름, 간판 그리고 강대상이었다. 'Knock 교회'라고 이름을 짓고 나니 영어가 들어간 교회 이름을 교단에서 허락해 주는지 궁금했다. 크리스털이나 나무 소재의 강대상은 교회 분위기와 맞지 않는다고 생각했다.

결과적으론 교회 이름이 오히려 '참신하다'는 평가를 교단 어른들에게 들었고, 간판은 교회 분위기에 맞게 자유롭게 해도 된다는 허락을 받았다. 강대상은 지금도 없다. 보면대를 쓴다. 제약 요소라고 생각했던 것들이 다 통과되었다.

새신자 교육, 어떻게 해야 할까

노크교회의 새신자 교육은 10주 과정으로 진행된다. 이 과정을 수료해야만 봉사와 선교에 지원할 수 있는 자격이 주어진다. 10주가 너무 길다는 생각이 들 수도 있지만, 결코 길지 않다. 사람도 보면 볼수록 그 사람이 진국인 것을 아는 것처럼, 한 인간이 하나님이라는 분을 알아 가는 데도 그렇다. 남녀관계도 똑같다.

한 자매가 산적 같은 형제에게 푹 빠져 있어 물어봤다. "저 친구 어디가 그렇게 좋냐?" 자매는 자기도 처음에는 눈길 한 번 안 갔다고 말했다. 그런데 만나 보니 알면 알수록 '진국'이란다. 그때 깨달았다. 자기 스타일이 아닌 남자도 자주 만나고 대화를 나누다 보면 새로운 점을 발견하게 되고 사랑에 빠진다는 걸. 마찬가지다. 보이는 사람도 시간이 흘러 그 사람의 진짜 매력을 느끼는 것처럼, 보이지 않는 하나님께도 최소한의 기회를 드려야 한다. 실제로 10주 동안 진행되는 새신자 교육을 통해 한 인간이 하나님을 만나는 과정을 눈앞에서 목격한다. 그런 의미에서 10주는 충분한 시간이다.

누가 가르치나?

담임목회자인 내가 직접 가르친다. 성도의 정확한 상태를 알 수 있기 때문이다. 이제 막 교회를 찾은 지금이 삶의 문제가 가장 절정인 시간이며, 마음이 답답하고 갑갑한 순간이기 때문이다. 이 사람이 어느 부분에서 화를 내고, 어떤 말씀에서 눈물 흘리는지 알 수 있다. 새신자 교육은 단순히 정보를 전달하는 시간이 아니다. 담임목회자가 새신자의 모든 것을 진단할 수 있는 시간이다.

한 자매가 교회에 왔다. 새신자 교육 중 하나님에 대해 배우는 시간이 있었다. 그런데 이 자매가 하나님 아버지라고 부르는 부분에서 표정이 싹 바뀌었다. "왜 하나님을 아버지라 부르는 것이냐?"고 물었다. 나중에 알고 보니 페미니스트에 심취한 자매였다. 교회만 다섯 번 옮겼다고 한다. 아마 새신자 교육 없이, 인사만 하고 겉치레의 대화만 했더라면 몰랐을 내용이다.

왜 이런 현상이 일어나는가? 말씀이 들어가기 때문이다. 생명력 있는 말씀이 사람에게 들어가면, 일상의 대화에서는 발견하지 못했던 부분이 바깥으로 드러난다. 말씀 앞에서는 어떤 인간도 포장할 수 없다.

언젠가 근육질이 우락부락한 형제가 왔다. 새신자 교육에서 시작 기도와 마무리 기도는 담임목사가 하지 않는다. 수업받는 성도가 하게 한다. 그날은 예수님의 십자가를 배우는 세 번째 시간이었는데 이 형제가 마무리 기도를 하면서 닭똥 같은 눈물을 흘렸다. 종이가 다 젖을 지경이었다. 이 형제뿐 아니라 많은 이들이 이 기도 시간에 눈물을 흘린다.

우리 교회는 새신자를 교육할 수 있는 공간이 따로 없다. 한 공간에서 이쪽에선 리더들이 캠프 모임을 하고, 저쪽에선 새신자 교육을 한다. 그런데 말씀이 그 사람에게 임하면 주변에 사람이 있든 말든 눈물을 흘린다. 말씀이 오직 그 사람만 비추기 때문이다. 말씀이 아니고서는 결코 일어날 수 없는 일이다.

언제 시작하나?

주일예배가 끝나자마자 권한다. 이 사람이 교회를 자기 발로 찾아온 목적이 무엇일까를 생각해야 한다. "남아서 교제하시죠", "식사가 준비되었습니다"라는 말에는 쑥스러워서 먼저 가는 경우가 허다하다. 그러나 "담임목사님과 새신자 교육 시간이 있습니다" 하면 반응이 다르다.

앞에서 설교하던 사람이 나를 직접 만나 준다는 점에서 '나는 소중한 사람이구나'라고 느낀다. 설교 후 뛰어와서 교육하는 설교자에 한 번 고개가 숙여지고, 새신자 교육 안에서 기다리고 계신 예수님 앞에서 한 번 더 고개가 숙여진다.

정중하게 교육을 권하고, 군더더기 없이 교육으로 들어간다. 어디 사시는지, 뭐 하시는지 묻는 인사도 나중이다. 교육하면서 살짝 물어보고 바로 교육에 들어간다. 이것에 대해 "왜 이렇게 빨리 하죠?"라고 묻는 사람이 없다. 주일예배 후 밥 먹으러 안 가고 교육 듣겠다고 앉아 있는 것 자체가 이미 평범한 상태는 아니다. 그만큼 죽어 가는 상태, 힘든 마음이라는 방증이다.

예수님도 제자들에게 "너희가 먹을 것을 주라"(눅 9:13) 하셨다. 그러니 우리도 먹여야 한다. 바로 먹여야 한다. "꼭 오세요"로 붙들 생각하면 안 된다. '여기에 말씀이 있구나'가 깨달아지면 꼭 온다.

"이 교육, 꼭 들으세요!"로 권하지 않는다. "이런 교육이 있다"라고 권한다. 선택은 본인이 하게 한다. 이런 자발성의 원칙은 뒷부분에 다룰 '봉사와 선교' 영역에서도 마찬가지다.

억지로 시키는 경우 '목사님이 하라고 해서 한 거잖아요'라고 뒤통수 맞기 십상이다. 그래서 아무리 작은 일도 "기도해 보고 네가 결정해서 얘기해 줘"라고 권면한다. 마지막 선택을 위해 고뇌하는 시간을 줘야 한다. 그러면 기도하는 것이 귀찮아서 안 하든가, 기도하면서 철저히 깨지고 두 손 들고 오든가, 둘 중에 하나다.

그런 의미에서 담임목회자가 직접 가서 교육을 권하지는 않는다. 방문자가 충분히 시간을 가지고 스스로 결정하게 해준다. 그 자리에서 결정하기 힘든 경우도 있기 때문이고, 처음 온 장소에서 느끼는 부담감과 경계심이 아무래도 있기 때문이다. 그래서 새신자팀이 가서 "담임목사님과의 교육이 있습니다. 듣고 가실 수 있으면 말씀해 주세요"라고 선택을 맡긴다.

이러한 자발성의 원리는 기존 성도들에게도 동일하게 적용된다.

아무리 오래된 교인도 새신자 교육을 억지로 권하지 않는다. 그런데 나중에 온 새신자들이 스트레이트로 쉬지 않고 10주를 수료하는데 먼저 왔음에도 수료를 못 한 사람들이 가만히 있지는 못한다. 안 듣고 못 배긴다.

새신자 교육은 주일에 1주 차부터 4주 차까지 하고, 5주 차부터 10주 차까지는 매주 화요일에 한다. 모두 담임목회자인 내가 직접 가르친다. 평일에 하는 교육은 주일과 달리 본인의 의지가 무엇보다 중요하다. 따로 시간을 내야 하기 때문이다.

주차별 강의 내용은 정해져 있다. 다음 주에 5주 차가 진행되니 올 사람은 오라는 식이다. "제가 6주 차를 못 들었으니 다음 주에 6주 차를 해주세요"라는 식의 부탁은 거절한다. 새신자가 스케줄을 맞추도록 한다. 본인이 듣고 싶은 마음만 있다면, 아무리 바빠도 시간을 내게 되어 있다.

물론 끝까지 안 듣는 사람도 있다. 이런 사람들은 대체로 대형 교회에 묻혀서 생활했으면 절대 몰랐을 정도로 겉으로 봐서는 모범적이고 착실하다. 그러나 그 속마음의 뿌리에는 나의 헌금은 드려도 나의 시간은 못 드리겠다는 마음이 있다. 안타깝지만 이런 사람들은 혼자만 착실하게 신앙생활을 할 뿐 교회 안에서 결정권을 갖거나 발언할 수 있는 자리로부터는 멀어진다. 10주 차를 수료해야만 봉사의 자리, 선교의 자리로 나갈 수 있는 자격이 주어지기 때문이다. 삶 속에서 일주일에 한 번도 주님께 드리지 못하면서, 내 삶 전부를 드리는 것이 어떻게 가능하겠는가?

교회의 사이즈가 작더라도 성도에게 교육을 구걸하지 말아야 한다. 봉사를 구걸하지 말아야 한다. 결코 오래가지 못하기 때문이다. 본인이 깨닫고, 갈급해야 힘을 받는다. 자발성의 원리가 중요한 이유다.

어떻게 가르치나?

담임목회자는 모든 과정을 완전히 숙지해야 한다. 어떤 교재로 가르쳐도 마찬가지다. 그래야 자기 앞에 앉아 있는 성도의 표정을 살필 수 있다. 진단을 할 수 있다. '상대방이 어느 부분에서 아파하는가? 어떤 부분에서 비로소 웃는가?'를 알고 읽을 수 있다. 철저히 내 것인 상태로 교육을 해야 한다.

새신자들의 질문에 대처하는 법

새신자나 불신자가 가지는 질문은 대부분 비슷하다. 질문은 대략 세 가지로 나뉜다.

첫째는 자신의 '안 믿음'을 합리화시키기 위해 질문하는 경우다. 하나님을 나쁜 역할로 만드는 케이스다. '내가 이제까지 예수를 안 믿은 것은 예수님 때문이다'라는 논리다. 질문의 수준도 낮다. "선악과를 왜 만드셔서 골치 아프게 하나요?" "가난한 사람을 왜 안 도와주시나요?" 신학을 배우는 사람도 이런 질문을 하며 헤매는 경우를 종종 본다.

이런 질문에 대해 대답할 준비가 돼 있어야 한다. 최소한 당황하지 말아야 한다. 나는 이런 질문을 받으면 대개 10주 후에 알게 될 것이라고 말한다. 실제로도 그렇다. 10주 후에는 질문의 내용이 바뀌는 것이 아니라, 질문하는 사람이 변화되기 때문이다. 그 자리에서 대답해 주는 경우도 있다. 하지만 질문하는 사람의 자세가 바뀌지 않은 상태에서 답변을 줘 봤자 받아먹지 못한다. 서서히 함께 알아 가자고 얼을 식혀 주고, 여유를 갖게 한다.

둘째는 교회는 다니는데 진짜 지식이 없어 모르는 경우다. 설렁설렁 다녔다는 것이다. "예수님은 50%는 사람, 50%는 하나님 아닌가요?" 어릴 적 고등부 회장까지 했다는 친구의 질문이었다. 게다가 아버지는 장로이고, 어머니는 성가대에서 오래 봉사하셨다는 사실에 뒷목을 잡았다. 소름이 돋았다. 이게 현실이다. '기독교에 대해 비판해 보라'고 하면 침을 튀며 한다. 그러나 '예수님에 대해서 말해 달라'고 하면 머리 긁고 뜬구름 잡는 소리만 하는 것이 한국 교회 다음 세대의 가슴 아픈 모습이다. 이때도 10주 후에 알게 될 것이고, 정 궁금하면 오늘 이 챕터가 끝나고 나서 얘기하자고 한다.

셋째는 한 번도 믿은 적이 없는 완전 새신자의 질문이다. 아브라함을 들어 본 적도 없고, 요셉이 누군지도 모르는 경우다. 정말 아무것도 모르는 사람도 교회에 온다. 그런 사람에게는 맞춤형으로 짧게 포인트로 설명해 줘야 한다. "아브라함은 우유부단한 사람이었어", "야곱은 잔머리 대마왕!" 이렇게 정리해서 얘기해 주는 것이다. 그러려면 어떻게 해야 하는가? 인도자가 성경을 잘 알아야 한다.

어느 경우에도 인도자는 성경을 잘 알아야 한다. 자기도 모르면서 "나중에 알게 될 거예요" 하는 것은 사기 치는 것이다. 진짜 알고 있는 상태에서 상대방의 페이스를 조절해 주어야 한다.

새신자 교육을 마친 후에는

새신자는 오자마자 기존 캠프(셀, 구역)에 합류되지 않는다. 4주 후에 들어간다. 필수 커리큘럼인 이 과정을 마치면 캠프에 들어간다. 10주 후에는 교회 안에서의 봉사와 국내와 해외 선교에 지원할 수 있는 자격이 주어진다. 나이에 상관없이 기본을 지키고 하나님께 순종하는 자에게 섬기면서 리더십을 훈련하는 기회가 주어지는 것이다. 10주 수료 후에는 주일예배 때 모두의 앞에서 축하해 준다. 그날은 수료자가 주인공이다.

EVERYBODY LIES

즐겨 봤던 미드 중에 〈닥터하우스〉라는 천재 의사 이야기가 있다. 괴짜이면서 실력파인 그가 환자를 대할 때의 자세는 'Everybody Lies'(모두 거짓말을 하고 있다)다. 진짜 의사는 환자의 말을 믿지 않는다. 명의는 환자의 입술을 믿는 것이 아니라, 증상을 보고 처방을 내린다.

마찬가지로 성도의 말 중에 절대 믿지 말아야 할 것이 "괜찮습니다. 잘 지내요"이다. "어, 그래" 하고 넘어가면 절대로 얻을 것이 없다. "저 아파요, 목사님" 하면서 눈물을 흘리는 사람은 매우 드물다. 목회자는 괜찮다는 사람이라도 붙들고 대화를 나누며 도울 부분이 없는지, 영적 상태가 어떤지 읽어 내야 한다.

시장을 가 보라. 같은 자리에서 장사를 오래하신 분들은 그 분야에서 달인이다. 목회도 마찬가지다. 눈빛과 말투만 봐도 어느 정도 파악이 되어야 한다. 일반인이 기침 소리를 듣고 판단하는 것은 두 가지 정도다. "병원 가 봐!", "약 먹어!" 그러나 의사도 그런 소리를 하고 있으면 곤란하다. 의사라면 기침 소리만 듣고도 처방 방향이 나와야 한다.

마찬가지다. 성도의 말을 다 믿고 '어, 쟤 잘 지낸다니 문제 없군' 하면 문제 있는 것이다. 깊이 대화를 나누고, 함께 기도해 주며 내면의 문제까지 돌봐줄 수 있는 것이 다가가는 목회다.

노크교회 설교의 특징

새신자들이 교회를 찾는 이유는 좋은 밥이나 따뜻한 분위기 때문이 아니다. 표정이 그렇지 않아 보여도 그들은 말씀을 찾고 있다. 교회에 왔다는 것은 그들이 '진짜 교회'를 그리워한다는 뜻이다. 진짜는 무엇인가? 말씀이다. 밥이야 밖에서 사 먹으면 된다. 나중에라도 먹으면 된다. 시켜서 먹어도 된다. 설교가 가장 중요하다. 모든 것이 무너져도 말씀이 살아 있으면 된다.

설교는 어려운 내용을 쉽게 말하는 일이다. 쉬운 것도 어렵게 말하는 것은 범죄다. 어려운 내용을 쉽게 얘기하기 위해서는 철저히 자기 것이 되어야 한다. 주석에 의존하거나, 짜깁기로는 3년 안에 한계가 온다. 무엇을 얘기해야 하는지 놓치기 십상이다. 걷어 내야 한다. 모든 것을 다 얘기하고 싶어도, 덜어 내는 작업을 통해 강조하는 훈련을 해야 한다.

특별히 다음 세대에게 하는 설교에서 가장 중요한 요소는 '명료성, 정보, 반전'이다.

명료성

첫째, 정확해야 한다. 무엇을 말하고 있는지 알아야 한다. 성도가 '아멘' 한다고 안심하면 안 된다. 초등학생들은 설교에 집중할 수 없으면 떠들기라도 하지만, 나이 먹은 청년들은 겉으로 드러내지 않는다. 머리로는 딴생각하면서 가만히 앉아 있는다.

설교자는 생각할 시간을 주어서는 안 된다. 앉아 있는 사람 중에는 생각할 여유와 능력이 없는 자도 있다. 빠르고 명료하게 전해야 한다. '함께 고민해 보아요'의 시간이 아니다. 한 가지 주제를 가지고 길게 늘이고 뜸 들이는 형식보다는 빠르게 명제를 던지고, 5가지 형태의 예화를 던지는 것이 훨씬 효과적이다. 그게 기억에 남고, 강조된다.

예를 들어 '다윗은 어떤 마음이었을까요?'를 가지고 10분 동안 인트로(Intro)를 할 수도 있다. 그러나 지금 세대는 파악이 빠르다. 회전이 빠르다. 목회자가 무슨 얘기를 하려는지 금세 눈치 챈다. 속으로 '목사님, 무슨 이야기인 줄 파악했으니 다음 이야기요'라고 외치는 세대다.

그렇게 핵심을 파악하는 청년들에게는 '다윗은 하나님께 마음이 합한 자였다'라고 명료하게 던지고, '마음을 합한다는 건 뭔가?'를 제시하면서 가야 한다.

한 가지 내용을 던지고 그 내용을 지지하는 신약과 구약의 에피소드와 청년들이 관심을 갖는 문화나 최근 기사를 인용해 '마음이 합하는 것이 이 정도로 중요하다'를 정신없이 몰아가야 한다. 그게 강조다. 한 가지에 집중해야 한다.

한 설교 안에 성령, 은혜, 축복, 믿음 등 좋은 단어를 다 차려 놓은 설교는 쉽게 잊힌다. 십자가라는 단어가 계속 나오는 설교도 좋은 설교가 아니다. 무뎌지기 때문이다. 설교자가 같은 단어를 계속 중복한다면 준비가 안 되었다는 인상을 주게 된다.

자신의 설교에서 덜어 내는 작업을 하라! 그래야 머리에 남는다. 그렇게 해야 설교 후에 다 같이 기도할 때도 성도들이 쉽다. '오늘은 하나님께서 이것을 강조하시는구나.' 그래야 쉽게 기도에 집중할 수 있다.

목사는 어떤 사람인가? 누구도 듣도 보도 못한 내용을 발견하는 사람이 아니다. 그건 이단이나 할 수 있다. 목사란 성경이 외치는 내용을 강조해 주고, 신나게 강조해 주고, 울면서 강조해 주고, 뒤집어서 강조해 주고, 속삭이면서 강조해 주는 사람이다. 성경이 반복하면 설교자도 반복하고, 성경이 잠잠하게 말하면 설교자도 잠잠하게 전하고, 성경이 소리쳐 외치면 자신도 목 놓아 외치는 것, 그게 목사다.

원고는 미리 작성해야 한다. 그래야 중복되는 단어, 평소에 쓰는 단어만 쓰는 오류에서 벗어날 수 있다. 많은 목회자들이 자신의 설교를 녹음해서 듣곤 한다. 이때 주의해서 살펴볼 것이, 한 문장에 단어를 중복해서 쓰고 있지는 않은지, '어… 음… 쏩…' 같은 의성어를 자주 말하지 않는지 살펴보아야 한다. 이런 것들이 명료함을 흐리게 만들기 때문이다.

설교는 완전히 숙지되어 있어야 한다. 완전히! 완전히란 문자적으로 원고를 달달 외운 것 이상을 의미한다. 예를 들어 설교 시간에 정전이 되었다. 그렇더라도 당황하지 않고 설교를 이어 가는 동시에 그 상황을 적용할 수 있는 상태를 의미한다. 그러려면 설교자의 머릿속에 '오늘 전할 한 가지'가 있어야 한다. 명료한 동시에 위기 상황에도 대처할 수 있을 만큼 완전히 숙지해야 한다.

이렇게 장황하게 설명하는 이유는 무엇인가? 설교가 무너지면 다 무너지기 때문이다. 전해진 말씀이 없으면 성도들이 기도할 때 태울 것이 없다.

정보

둘째, 설교 준비를 할 때 필요한 것이 정보다. 청년들은 성취감으로 달려가는 존재다. 설교자는 일반 서적을 통해 예화를 얻어야 한다. 예화집에서 예화를 찾는 것은 죽는 행위다. 한 예화가 출판되어 서점에 진열되있다는 것은 벌써 그 예화가 만인에게 읽혀졌다는 것이다. 청년들은 최신의 정보가 들려야 귀를 기울인다. 동시에 고전의 정보도 소중하다. 고전만이 가지고 있는 가치가 있다. 그것을 던져 줌으로써 전통의 가치를 일깨워 줘야 한다. 청년들은 특이한 것을 좋아한다. 특이하다는 게 무엇인가? 자신만의 정보가 있다는 것이다.

그래야 세상 정보의 무능함을 증명할 수 있고, 세상의 모든 지혜가 하나님 아래 있음을 보일 수 있다. "우리 목사님은 젊어", "우리 교회는 다음 세대를 위해 준비된 교회야"라는 평가는 목사가 입은 옷의 브랜드나 교회의 화려한 겉모습에서 나오는 것이 아니다. 목사에게서, 교회에서 접하는 정보가 이 평가를 결정한다. 따라서 부지런히 정보를 수집하고 정리해야 한다.

인터넷으로만 정보를 얻으려고 하지 말라. 발로 뛰어 분위기를 익히는 것이 중요하다. 실제 서점에 가 보고, 커피를 마셔 보고, 대화를 나눠 봐야 한다. 현장에 있는 사람들과 나누는 대화가 보석이다. 커피에 관한 책을 보는 것이 아니라, 실제 바리스타에게 물어보는 것이 훨씬 기억에 남는다. 늘 궁금해하는 자세가 필요하다. "이것은 어떻게 만드는 거예요?", "왜 여기에 이런 게 있죠?" 나만의 예화가 얻어지는 순간이다.

책을 볼 때는 에세이 중심으로 보는 게 도움이 된다. 특별히 수필 형식의 글에는 한 사람의 인생, 그가 걸어온 전문적인 경험이 녹아 있다. 신문의 경우 인터뷰 기사를 중심으로 보라. 한 인간의 삶과 현장의 정보를 알 수 있는 것은 인터뷰 기사만큼 좋은 것이 없다.

반전

예측되는 설교에서 벗어나기 위해서는 깊은 묵상이 있어야 한다. 주석은 도움이 되지 않는다. 하나의 본문을 가지고 기도하면서 본문을 들고 하나님께 나아가서 숙성되는 시간이 필요하다. 부활절 때마다 같은 설교를 할 수 없지 않은가? 그렇다면 한 본문을 가지고 하나님 앞에서 씨름해야 한다.

나는 리더들에게 종종 흔하게 사용하는 사물을 이용해 믿음이라는 것을 묘사해 보라고 한다. 또는 옷의 단추를 가지고 하나님의 성품을 표현하라고 주문한다. 삶 속에 들어가 있는 사람만이 살아 있는 설교를 한다. '살아 있다'라는 것은 무엇인가? 예측할 수 없는 꿈틀거림이 아닌가. 설교는 책상에서 완성되는 게 아니다. 그래서 아침 묵상이 중요하다. 아침에 묵상한 것을 가지고 점심때 겪은 일을 엮어 내고, 저녁때 일어난 일을 조합할 때 설교가 완성된다. 머리에만 있던 말씀이 실제 삶의 일상에서 발견될 때 설교가 완성된다.

그래서 메모가 필수다. 메모만 모아 놔도 10분 설교를 할 수 있다.

그런 설교는 졸리지 않다. 살아 내면서, 걸으면서, 열받으면서, 황당해하면서 적어 낸 이야기들은 듣는 회중이 먼저 알아본다.

　여기서도 핵심은 말씀이다. 아는 말씀이 있어야 삶이 보인다. 읽은 말씀이 있어야 적용할 수 있다. 성도보다 더 많이 읽어야 한다. 성도보다 더 많이 씨름해야 한다. 성도보다 더 많이 경험해야 한다. 설교는 삶이다.

　설교 준비가 재미없으면 목회의 길을 다시 생각해 봐야 한다. 뭐든지 쉽고 재미있어야 오래 하지 않겠는가. 설교 준비가 늘 힘들고 어렵다고 느껴진다면 처음부터 다시 생각해야 한다. 살아 내지 못하고 있거나, 이 길이 아닌 것이다. 설교는 그만큼 목회의 전부다. 말씀이 살지 못하면 찬양도, 기도도 죽는다. 상담도, 사역도 무용지물이다.

　설교에 목숨을 걸어야 한다. 다른 대안이 떠올랐는가? 그것은 다른 사람에게 맡기고 설교를 목숨 걸고 준비하라.

　노크교회는 싱글앨범 2개, 정규앨범 1개를 냈다. 전 성도가 함께 참여했다. 예배 때 우리가 만든 노래를 부른다. 우리의 고백인 것이다. 이러한 교회가 가진 전문성을 잘 활용하는 일이 중요하다. 그러나 말씀보다 앞서서는 안 된다. 잊지 말라. 나머지는 도구일 뿐이다.

봉사자는 어떻게 세울까

분명한 것은 봉사자가 없어서 예배가 망하지 않는다는 것이다. 예배자가 없어서 예배가 망한다. 서두를 일이 아니고 구걸할 일도 아니다. 강요할 것도 없다. 스스로가 헌신하는 마음으로 오게 해야 한다.

봉사는 두 가지 종류가 있다. 결정권이 있는 봉사와 결정권이 없는 봉사다. 이것을 효과적으로 사용하면 좋다. 처음에는 주차 같은 단순 봉사를 통해 이 사람이 어떤 사람인지 파악하고, 그런 다음 차량 관리 같은 높은 단계를 맡기는 것이다.

사람마다 은사가 다른데 네 가지 정도로 나눌 수 있다. 첫째 창의력이 뛰어난 사람, 둘째 응용력이 뛰어난 사람, 셋째 성실한 사람, 넷째 위의 것 중 아무것도 못하는 사람, 이중 어디에 속하지를 파악하려면 시간이 필요하다.

대부분의 교회에서 수습이라는 기간을 두고 진행하는데, 문제는 수습이 끝나고 나서다. 봉사자 스스로가 '나는 이제 영원히 봉사하는 군'이라고 생각하게 될 때부터 문제가 생긴다. 결혼 전에 총각이 여자를 얻기 위해 갖은 포장을 하는 것과 같다. 수습 기간의 병폐다.

문제는 일단 문제가 발생하면 이미 늦었다는 것이다. 성도를 봉사시키는 것보다 내려놓게 하는 것이 훨씬 어렵다. 시킬 때는 누구나 분위기상 하려고 한다. 그런데 목회자가 뒤늦게 깨닫고 '이 사람이 아니구나!'라는 생각이 들어서 그만두게 하려면 훨씬 더 많은 에너지를 쏟아야 한다. 이때는 기도도 정말 힘들다. 그러니까 세울 때 잘 세워야 한다.

교육이란 말은 무엇인가? 끄집어내는 작업이다. 교육이라는 영어 단어 Education에서 'E'는 라틴어 전치사 '밖으로'를 의미한다. 뒤에 나오는 'Ducare'는 '끌어내다'라는 뜻이다. 그러니까 교육이란 '속에 있는 것을 밖으로 끌어내는 것'이다. 이 끄집어내는 과정이 없으면, 마치 이제 막 돌아온 탕자를 데려다가 바로 일시키는 것과 같다. 많은 교회가 탕자가 돌아오면 바로 일을 시키려고 한다. 그러면 안 된다. 특히 교회에 발을 막 들여놓은 사람, 예수님을 이제 영접한 사람에게 봉사부터 시키면 탈이 난다.

예수님은 이제 막 돌아온 회심자에게 바로 땅끝까지 가서 복음을 전하라고 하시지 않았다. 반면에 베드로에게는 실패를 거듭해도 지속해서 사역을 맡기셨다. 어떤 차이인가? 시간이다. 목회자와 오랜 시간을 공유한 사람 중에 봉사자를 세워야 한다. 이 시간이 그 사람 속에 있는 것을 끄집어내는 과정이다. 사람의 눈에 은사는 하루아침에 보이지만, 성령의 열매는 하루아침에 발견할 수 없는 것들이기 때문이다.

이러한 고심 끝에 노크교회는 가상의 칼리지가 운영되고 있다. 가상의 칼리지란 3개월의 사역 기간을 의미한다. 3개월 동안 봉사를 시키고, 그 기간이 지나면 잘해도 무조건 내려놓게 한다. 그리고 재헌신서를 다시 쓰게 한다. 캠프 리더는 3년의 기간 동안 3개월씩 이 사람, 저 사람 시켜 본다. 이 과정에서 깜짝깜짝 놀라곤 했다. '잘할 것 같다'는 사람이 뒤통수를 치곤 했기 때문이다. 그 과정을 겪고 나니 눈에 보였다. 지금의 리더는 그렇게 통과해서 걸러 낸 사람들이다. 덕분에 2년째 안정되게 사역하고 있다.

봉사자의 문제 중 은근히 골칫거리인 것이 지각이다. 지각은 절대 고쳐지지 않기 때문이다. 지각한 중에도 커피 마시면서 들어오기도 한다. 무슨 배짱인지 모르겠다. 예배는 禮(예의)와 拜(절)이 결합한 단어다. 봉사자는 예의가 발라야 한다. 예배자가 되기 전에 먼저 사람이 되어야 할 사람들이 의외로 많다. 3개월 뒤 재헌신서를 쓸 때 그런 조항을 삽입한다. '지각하지 않겠습니까?' 다시 한 번 체크하게 한다.

이 과정은 마치 연애와 같다. 어떤 사람의 눈물, 침, 땀을 봐야 한다. 이 사람이 언제 슬퍼하는가, 언제 침을 튀며 분노하는가, 어느 것을 열심히 하는지를 보려면 10분 면접 가지고는 절대로 진정한 봉사자를 뽑을 수 없다.

그러므로 봉사자를 뽑을 때는 은사로만 뽑으면 안 된다. 교회가 타락하는 시점이 은사에만 초점을 맞출 때다. 성령의 열매로 선출해야 한다. 은사는 말 그대로 하나님의 선물이다. 하루 만에 주시기도 하고, 하루 만에 가져가시기도 한다. 반면, 성령의 열매는 1박 2일의 수련회로 되지 않는다. 충성, 온유, 절제를 3박 4일 했다고 그 사람을 충성의 사람, 온유의 예배자라고 부르지 않는다. 인격이 된 사람을 뽑아야 한다. 은사 있는 사람이 다 망친다.

한 가지 더 말하면, 잘하는 사람보다 좋아하는 사람을 세워야 한다. 주차 관리를 잘한다고 좋아하는 것은 아니다. 나중에 불평할 수도 있다. 주차 관리에 희열을 느끼는 사람에게 맡겨야 한다.

찬양도 마찬가지다. 찬양을 잘하는 사람보다 찬양을 좋아하는 사람을 세워야 한다. 잘하는 것은 1년이고 5년이고 연습하면 되지만 좋아하는 것은 심령의 문제다. 찬양을 좋아하지 않아도 잘할 수 있다. 목회자는 그 사람 속도 모르고 잘하니까 계속 시키게 되고, 그러면 나중에 서로 힘들어진다. 좋아하는 사람을 연습시키는 것은 어렵지 않지만 잘하는 사람을 '찬양을 즐기게' 만드는 것은 결코 쉽지 않다.

따라서 서둘러 봉사자를 세우지 말아야 한다. 봉사자가 없어서 교회가 무너지지 않는다. 교회는 예배자가 없을 때 무너진다.

크리에이티브한 목회

예수님이 그런 목회를 하셨다. 그때는 좋은 노트북도 멋진 조명도 없었다. 그런데 크리에이티브(Creative)한 목회를 하셨다. 예수님은 지나가는 새를 보고 설교하시고 들에 핀 백합화로 설명하셨다. 이유가 뭘까? 한 가지다. 살리기 위해서다. 글을 모르는 자들 앞에서는 가장 빠르고 기억에 남는 방법을 사용하셨다.

창의적 목회는 사람을 살리고자 하는 마음에서 나온다. 배워서 되는 것이 아니다. 눈앞에 할머니, 할아버지가 계시다. 이들을 어떻게 전도할 것인가에 미쳐 있으면 세상이 온통 그것으로 보인다. 중학생들을 살리고 싶다면, 그때부터 중딩들만 보인다. 그들이 하는 말투가 들린다. 거기서 생각지도 못한 아이디어가 나온다.

신학대학원 때였다. 학교를 마치고 집에 오는 길에 영등포역 화장실에 들렀다. 화장실 안에는 술 취한 아저씨 두 명이 있었다. 소변기 위에 스티커를 보면서 하는 대화가 들렸다.

"독생자? 독생자가 모꼬? 니 아나?"

"크으, 얌마… 그거 교회 스티커 아니가? 무슨 말인지 모르겠다. 차 놓치겠다. 가자."

그때 그들의 대화를 엿듣고 충격을 받았다. '그렇구나. 독생자라는 말이 어렵구나!' 그 뒤로 나는 '어떻게 하면 알기 쉽게 전할 수 있을까'를 고민하기 시작했고, 지금의 목회 철학에 큰 영향을 미치게 되었다. 어려운 것을 쉽게, 쉬운 것을 새롭게 하다 보니 "창의적으로 목회한다"는 말을 듣게 되었다.

부흥의 바로미터는 새벽예배

새벽예배가 있어야 한다. 목회자는 주일예배를 보고 착각하기 쉽다. 사람들이 북적거리고 교회 안에서 웃음소리가 그치지 않기 때문이다. 하지만 부흥의 바로미터는 새벽예배다. 교회의 핵심 구성원들은 새벽예배에서 나온다. 담임목회자라도 새벽예배를 보고 있으면, 긴장된다. 새벽예배 때의 기도 소리가 현재 교회의 상태를 말해 준다.

나는 새벽예배에 이런 마음으로 나간다. '온 세상 교회의 담임목사, 목사 중의 목사 되신 하나님을 만난다.' 아침마다 우주 최고의 CEO를 만나니 얼마나 든든한가. 나도 상담할 곳이 있어야 하는데 이렇게 좋은 데가 어디 있는가. 새벽예배에서 모든 작전이 나오고, 계획이 세워진다.

불가피하게 새벽예배에 못 나오는 사람도 있다. 그런 사람들은 그 갈급함 때문에 수요예배, 금요예배를 사모하여 나온다.

모든 예배는 실시간으로 중계된다. 중계 시 중요한 것은 영상보다 음성이다. 영상이 아무리 좋아도 무슨 말을 하는지 모르면 끝까지 보는 것이 어렵다. 그러나 화질이 약간 안 좋더라도 음성이 또렷하면 설교를 청취하는 데 부족하지 않다. 영상보다 음성 쪽을 개선하는 편이 재정도 훨씬 적게 든다.

성령님께 맡기는 기도

1분 더 하라. 끝내기로 한 시간보다 조금 더 하라. 정말 조금이라도 더 하라. 왜 그런가? 기도 시간은 설교자가 계획한 시간이 아니라, 성령님이 인도하시는 시간이기 때문이다.

우리 교회의 모든 예배는 정해진 틀 안에서 예측하지 못하게 한다. 기도 시간이 정해진 시간을 넘어가거나, 중간에 찬양이 추가되기도 한다. 그래서 연주팀과 봉사자는 예배 때 항상 긴장한다. 예배가 지난주와 똑같이 진행된다고 예측하지 못하게 한다. 그러니 안심할 수가 없는 것이다.

어떤 때는 내가 등장하기로 한 시간에 더 기도하게 놔둔다. 이쯤에서 목사님이 등장하시지 하고 기도 소리가 주춤하다가도 내가 나타나지 않으면 이내 더 깊은 기도로 이어진다. 성령님에게 주도권이 넘어간 것이다. 틀을 깨야 한다. 기도가 필요한 사람이 있을 경우, 다같이 일어나 그를 향해 손을 뻗고 기도하게 한다.

조금 더 하라. 생각한 시간보다 조금 더 기도하라. 그러면 성령님이 주도권을 가져가시고, 그분의 시간에 그분의 일을 시작하신다.

선교의 유익

선교는 태풍과 같다. 예수님의 기막힌 시스템이다. 안으로는 교회를 정리하고, 밖으로는 성도를 강하게 한다.

예배당 안에서는 성숙한 성도를 구분하기 힘들다. 모두 성경책을 끼고 있기 때문이다. 소그룹 모임을 하면서 깊은 믿음을 가진 자를 알기는 어렵다. 위기의 순간이 없기 때문이다. 그러나 선교는 순간순간이 예측할 수 없는 상황들로 가득하다. 자신의 옛 모습이 나오고, 애써 감춰 둔 모습들이 드러나게 된다. 그렇게 연약함이 드러나고 깨어질 때 예수님께 더 나아가게 된다.

밖으로는 사명을 깨닫게 해준다. 영적 비만증에서 벗어나 현장에서 말씀이 일하는 것을 보게 해준다. 자기들끼리 모여 있으면 불평불만의 소재들만 보이게 마련이다. 머릿속에 말씀을 적용할 현장이 없기 때문이다. 그러나 선교는 설교 때 들었던 말씀과 실제 삶이 부딪치는 현장이다. 이때 입만 살아 있는 성도를 구별할 수 있고, 그럼으로써 교회가 건강해질 수 있다.

선교는 한 곳을 가더라도 계속 가는 것이 중요하다. 그래야 안일함과 매너리즘을 이길 수 있다. 편하게 준비했다가 얻어터질 수 있다. 하지만 그런 경험이 야성적인 리더를 키워 낸다. 우리 교회는 올해로 4년째 몽골로 선교를 나갔다. 특히 올해는 처음으로 평신도로만 구성된 팀이 갔다. 이 또한 야성적인 리더를 키워 내는 일이다.

SNS와 젊은이 목회

팔로워 수, 당연히 많으면 좋다. 그러나 동시에 가상의 인원임을 명심하라. 그들은 '좋아요'를 누르지만 엄밀히 말해 '우리 교회 교인'은 아니다. 지나치게 뿌듯해할 필요가 없다. 그러나 한번 올리기 시작한 콘텐츠는 꾸준히 업로드해야 한다. 그러기 위해서는 미리 찍어 두어야 한다.

우리 교회는 인스타그램에 '하루 한 말씀'이라는 1분 영상이 올라간다. 한 번에 여러 개를 미리 찍어 두고 정해진 시간에 차례대로 올린다. 업로드할 때마다 찍게 되면 번거롭고 힘이 들기 때문이다. 자체 편성표(촬영 날짜, 편집 날짜, 업로드 날짜)를 작성해서 그것에 맞게 진행하면 시간도 힘도 덜 든다.

SNS를 통해 시대를 읽을 수 있는 유익이 있다. 페이스북은 느리고 인스타는 빠르다. 지금은 인스타도 느리다. 다음 세대를 고민하는 목회자라면, 다음 세대의 엄지손가락의 스크롤 속도를 읽어야 한다. 그들의 갈급함이 표현되고 있는 감각을 통해 진단할 수 있어야 한다.

개척을 하든, 다음 세대를 세워 가든 가장 중요한 것이 무엇인가? 영적인 진단을 내리고, 치유하고, 돌볼 수 있는 영혼의 장인이 되는 것이다. 그럴 때 목회에 보람이 있고, 선한 열매를 볼 수 있다.

다음 세대 사역은 쉽지 않다. 그러나 헌신적으로 밀알이 되어 섬기면 반드시 열매를 보게 되어 있다. 투자를 아끼지 말고, 계산하지 말고, 사랑을 쏟아부으면 반드시 30배, 60배, 100배의 열매를 보게 될 것이다.